国外国防科技年度发展报告（2021）

信息系统领域科技发展报告

XIN XI XI TONG LING YU KE JI FA ZHAN BAO GAO

中国电子科技集团发展战略研究中心

国防工业出版社

·北京·

图书在版编目（CIP）数据

信息系统领域科技发展报告/中国电子科技集团发展战略研究中心编著.—北京：国防工业出版社，2023.7

(国外国防科技年度发展报告.2021)

ISBN 978-7-118-12908-3

Ⅰ.①信⋯ Ⅱ.①中⋯ Ⅲ.①军事–信息系统–科技发展–研究报告–世界–2021 Ⅳ.①E919

中国国家版本馆 CIP 数据核字（2023）第 116206 号

信息系统领域科技发展报告

编　　者	中国电子科技集团发展战略研究中心
责任编辑	汪淳
出版发行	国防工业出版社
地　　址	北京市海淀区紫竹院南路 23 号　100048
印　　刷	北京龙世杰印刷有限公司
开　　本	710×1000　1/16
印　　张	18
字　　数	198 千字
版 印 次	2023 年 7 月第 1 版第 1 次印刷
定　　价	126.00 元

《国外国防科技年度发展报告》

(2021)

编委会

主　　任　耿国桐

委　　员（按姓氏笔画排序）

王三勇　王家胜　艾中良　白晓颖
朱安娜　李杏军　杨春伟　吴　琼
吴　勤　谷满仓　张　珂　张建民
张信学　周　平　殷云浩　高　原
梁栋国

《信息系统领域科技发展报告》

编 辑 部

主　　编　方　芳
副 主 编　孙艳兵

《信息系统领域科技发展报告》

审稿人员

肖安琪　方　勇　李　瑛　席　欢

撰稿人员（按姓氏笔画排序）

王　煜　王龙奇　车继波　方　芳
冯　芒　刘　菁　李　川　李皓昱
吴　技　吴永亮　张　昊　陈祖香
侯芩鈜　郭敏洁　唐　宁　黄小军
彭玉婷　韩长喜　焦　丛　魏艳艳

编写说明

科学技术是军事发展中最活跃、最具革命性的因素，每一次重大科技进步和创新都会引起战争形态和作战方式的深刻变革。当前，以人工智能技术、网络信息技术、生物交叉技术、新材料技术等为代表的高新技术群迅猛发展，波及全球、涉及所有军事领域。智者，思于远虑。以美国为代表的西方军事强国着眼争夺未来战场的战略主动权，积极推进高投入、高风险、高回报的前沿科技创新，大力发展能够大幅提升军事能力优势的颠覆性技术。

为帮助广大读者全面、深入了解国外国防科技发展的最新动向，我们以开放、包容、协作、共享的理念，组织国内科技信息研究机构共同开展世界主要国家国防科技发展跟踪研究，并在此基础上共同编撰了《国外国防科技年度发展报告》(2021)。该系列报告旨在通过跟踪研究世界军事强国国防科技发展态势，理清发展方向和重点，形成一批具有参考使用价值的研究成果，希冀能为实现创新超越提供有力的科技信息支撑。

由于编写时间仓促，且受信息来源、研究经验和编写能力所限，疏漏和不当之处在所难免，敬请广大读者批评指正。

军事科学院军事科学信息研究中心
2022年4月

前　言

2021年，大国对抗更加激烈，印太地区成为大国交锋的焦点，该区域军事行动、演习试验的强度和频次达到新高，信息系统装备技术在其中发挥的作用突显；中美科技博弈升级演进，5G、先进计算等基础和前沿技术成为科技战的最前沿领域。在此背景下，信息系统领域战略规划、作战概念、装备技术等各方面发展呈现出更加鲜明的数字化、网络化、智能化趋势；同时，各国强化对电子信息领域的科技力量部署，人工智能、量子等前沿技术持续深入发展，若干前沿科技领域出现重大突破。

为全面把握信息系统领域科技发展态势，本年度发展报告对指挥控制、情报侦察、预警探测、通信与网络、定位导航授时等领域年度发展情况进行了总结分析，对各领域的重要问题、热点事件进行了专题研究，并全面梳理了本年度重要的战略规划、科研项目、演习试验等。

本年度发展报告的编制工作在中国电子科技集团科技质量部指导下，由发展战略研究中心牵头，第十研究所、第十四研究所、第二十研究所、第二十八研究所、第三十八研究所、网络通信研究院等单位共同完成，并得到集团内外众多专家的大力支持。在此向参与编制工作的各位同事与专家表示诚挚谢意！

受编者水平所限,本书中错误、疏漏在所难免,敬请广大读者谅解并不吝指正。

编者

2022年5月

目 录

综合动向分析

2021 年信息系统领域科技发展综述 ·· 3
2021 年指挥控制技术发展综述 ·· 11
2021 年通信与网络技术发展综述 ·· 30
2021 年情报侦察技术发展综述 ·· 48
2021 年预警探测技术发展综述 ·· 56
2021 年定位导航授时技术发展综述 ·· 68

重要专题分析

指挥控制领域

美军"联合全域指挥控制"从概念走向应用 ·································· 81
美军开展两次"先进战斗管理系统"演示试验 ································ 88

通信与网络领域

DARPA "任务综合网络控制"项目研究 ······································ 95
DARPA "天基自适应通信节点"项目研究 ···································· 106
外军积极发展北极地区卫星通信能力 ·· 115

情报侦察领域

DNA 数据存储技术走向实用 ·················· 125

DARPA "像素智能处理" 项目分析 ·················· 132

美军传感器开放式体系架构标准研究 ·················· 138

预警探测领域

美军网络化多任务雷达技术成功开展演示验证 ·················· 146

美国雷声公司推出全球首款无人机载火控雷达 ·················· 153

美军开展雷达电子战协同作战试验 ·················· 160

定位导航授时领域

美国空军持续探索 GPS 拒止环境下的全源定位导航技术 ·················· 165

欧美加速推进导航战实施应用 ·················· 175

战略与综合研究

美国国家地理空间情报局发布《数据战略》 ·················· 184

美国国会参议院通过《刺激芯片与 5G 开放无线接入网紧急拨款法案》 ·················· 191

美国陆军发布《未来司令部指挥控制概念 2028》 ·················· 195

美国陆军《统一网络计划》解读 ·················· 205

外军反无人机蜂群系统发展动向及启示 ·················· 216

美军 "全球信息主宰实验" 分析 ·················· 225

附录

2021 年信息系统领域科技发展十大事件 ·················· 235

2021 年信息系统领域科技发展大事记 ·················· 244

2021 年信息系统领域重要战略规划文件 ·················· 253

2021年信息系统领域重大项目清单 ·················· 257

2021年信息系统领域重大科研试验 ·················· 259

2021年信息系统领域重要演习 ······················ 265

综合动向分析

ZONG HE
DONG XIANG FEN XI

2021 年信息系统领域科技发展综述

2021 年，大国对抗更加激烈，中美科技博弈升级演进，网络与电子信息领域各方面发展呈现出更加鲜明的数字化、网络化、智能化趋势；同时，各国强化对该领域科研力量部署，人工智能、量子、区块链等前沿技术持续深入发展，若干前沿科技领域出现重大突破。

一、联合全域指挥控制进入能力形成阶段

（一）美国国防部发布联合全域指挥控制战略及实施计划

2021 年 5 月，美国国防部长奥斯汀签署《联合全域指挥控制战略》；9 月，国防部制定该战略的实施计划（两份文件官方均未公开）。该战略是美军推进联合全域指挥控制发展的顶层指导文件，提出重点关注数据、技术、核指控等问题，强调快速集成人工智能、机器学习等新兴技术，要求通过技术试验破除供应商专有技术的壁垒，并提出工作路线图及实现方法。实施计划给出了落实该战略的 7 种技术途径，包括零信任网络安全架构、云服务、信息共享通用平台等。

（二）美国空军"先进战斗管理系统"进入能力交付阶段

2021年2月、7月，美国空军"先进战斗管理系统"成功完成第四轮、第五轮作战试验。第四轮试验由美驻欧空军司令部主导，试验中该系统连接美多军种、多域作战单元构建了高效杀伤网，并首次纳入英国等盟国军事力量。该杀伤网融合P-8A巡逻机的情报搜集能力、"星链"低轨星座的卫星通信能力以及C-17运输机、KC-135加油机的作战支援能力，连接美国空军第603航空作战中心等指挥中心，由F-15战斗机发射"联合空地防区外导弹"成功击中目标。第五轮试验范围涵盖所有11个作战司令部以及联合人工智能中心等机构，主要演示集成任务架构的应用，通过DARPA开发的"缝合"技术实现态势感知系统、异构数据链的融合集成，并进一步验证了商业通信、边缘计算与存储、智能化辅助决策等技术的运用效能。5月，美国空军宣布该项目进入新的发展阶段，建设重点由快速技术试验和开发转向作战能力部署，并计划通过"能力发布"向作战人员交付急需的作战能力。

（三）美国陆军"会聚工程"快速推进能力演示试验

2021年10月，美国陆军开展"会聚工程2021"作战演习，以在印太地区第一和第二岛链执行任务为背景，开展了联合全域态势感知、智能化自主化情报侦察等7个作战场景的演习，对基于云的网络体系、自主目标探测识别和优先级排序、智能化战场态势生成与理解等100多项关键技术进行了作战试验。此次作战演习重点试验了"数据编织"（Data Fabric）技术，该技术通过开放标准接口和服务对不同数据进行层叠，无需定制数据翻译器即可实现信息共享，从而提高系统互操作性，预计2023年完成研发并开始部署。

（四）美国海军通过"对位压制工程"开发部署新型作战架构

2020年10月，美国海军启动"对位压制工程"，旨在开发先进通信网络、基础设施、数据架构、分析工具等，支撑实现分布式海上作战和联合全域指挥控制。2021年1月，美国海军宣布通过"对位压制工程"探索构建新型"海军作战体系架构"，该架构将支持各种有人和无人舰艇、潜艇和飞机分散部署及体系运用的愿景，将这些作战节点的大量数据融合形成一张通用作战图，使指挥官们能够在需要的时候将最适合的数据发送给最适合的"射手"以发动攻击。美国海军计划于2023年在"西奥多·罗斯福"号航空母舰打击群上部署该架构的初始版本以开展作战试验，2030年前完成架构开发。

二、情监侦体系聚焦全域覆盖以形成感知优势

（一）商业卫星成像能力加大军事应用

以美国为首的军事强国正在加大力度将快速发展的新型商用卫星能力引入到空间情报体系中，构建"军商一体天基情监侦体系"。2021年10月，美国国家侦察局发布"综合性布局公告"框架，寻求与更多商业公司合作获取地理空间情报服务，首先重点关注合成孔径成像雷达领域。12月，美国遥感创企反照率公司获得美国国家海洋与大气管理局许可证，可对外销售分辨率为0.1米的商业光学遥感图像，这种精度的图像可支持几乎所有军事应用，结合合成孔径雷达成像、射频信号监测定位、信号情报侦收等商用卫星，将能够为美军提供高效费比的广域持久监视能力。

（二）新型数据存储处理技术不断突破

在数据存储领域，2021年DNA存储技术领域取得一批实用性成果。

1月，美国螺旋生物科技公司宣布在尺寸为1微米的硅基芯片上成功合成了含200个碱基对的寡核苷酸（含300纳米的DNA合成纳米孔），实现碱基对高效合成；4月，美国洛斯阿拉莫斯国家实验室宣布，开发出自适应DNA存储编解码器，可将数字二进制文件转换为分子存储所需的四个字母遗传代码，以将大量数据存储在DNA分子中；6月，DNA数据存储联盟发布行业白皮书，首次明确DNA存储的一般流程。一系列进展表明，经过近几年的快速发展，这项技术开始向实用化迈进。

在数据处理领域，2021年5月美国国防高级研究计划局（DARPA）启动"像素智能处理"项目，研发边缘智能图像处理技术。该项目提出了一种创新的战术边缘图像处理思路，在前端将人工智能算法嵌入成像传感器像素层，在后端将循环神经网络嵌入计算平台，使处理效率至少可提高一个数量级。该项目是美军提高边缘情报处理能力的重要尝试，有望成为推进无人化战争的关键赋能器，具有良好的应用前景。

三、通信与网络继续向敏捷灵活、韧性抗毁发展

（一）商业系统与技术广泛助力军事卫星通信发展

蓬勃发展的商业卫星通信与网络创新技术为军用卫星通信注入了新的活力，军方不断增加对商业卫星通信能力的利用。在发展军商混合卫星架构方面，美国空军研究实验室2021年2月与卫讯公司签署合同，运用该公司的混合自适应网络概念构建一个"混合架构"，将商业卫星与政府卫星进行整合，形成无缝网络；10月，美国国防创新单元（DIU）发布混合太空架构项目招标，寻求对能够在不同政府和商业网络之间进行通信的有效载荷进行演示验证；美国太空发展局8月发布"下一代太空体系架构"传输

层1期方案征询书，就航天器、演示测试、发射服务、地面段及任务运维等征询建议，将充分吸纳商业界先进理念和技术，构建由约150颗多家供应商开发制造的卫星组成的传输层星座，计划2024年开始发射。在引入商业卫星通信能力方面，美国空军通过"商业空间互联网国防应用实验"项目持续推进与星链、一网等公司合作，寻求将卫星互联网能力纳入军事卫星通信体系；2021年11月，一网、英特尔等商业卫星公司面向美国国防部和陆军演示了地球静止轨道和低地球轨道星座之间的多样化传输能力和无缝切换能力。

（二）推进网络现代化，构建统一网络支持多域作战

为适应未来作战环境、形成多域作战能力，美国陆军正在进行现代化转型，其中重要一部分就是推进网络现代化。近年来，随着综合战术网（ITN）能力集的逐步部署，美军在战术网络现代化方面已经取得了相当大的成就，但在战略和作战层面的企业网络现代化工作上明显滞后。为此，美国陆军一方面继续推进战术网络现代化建设和能力集部署，2021年按计划推进"能力集21"部署并开展"能力集23"方案征询工作；另一方面，2021年制订了《统一网络计划》，对各项网络现代化工作进行整合和协调，特别是实现战术网和企业网的集成，构建未来多域作战部队所需的无缝统一网络。

（三）多角度探索5G军事应用，加强战场应用研究

2021年，美国从顶层规划、演示试验等方面，加速推动5G军事应用落地。1月，美国国防部发布《5G战略实施计划》，制定了5G技术的应用发展路线图；6月，美国国防部"从5G到下一代计划"成功进行首次成果演示，使用380兆赫频谱和毫米波频谱构建了专用于智能仓储等后勤应用的5G网络，实现1.5吉比特/秒的高速下载和低于15毫秒的延迟；12月，美国空军希尔基地首次成功部署 5G 网络，将开展一系列实验，最终目标是实现空军雷达与 3.1～3.45 吉赫 5G 蜂窝网络的频谱共享。这些进展表明 5G 军事应用进入快速实施阶段，将加速推动军事移动通信网络乃至作战样式的变革发展。

（四）激光通信、量子通信技术持续发展

空间激光通信方面，美国国防部 2021 年 6 月利用太空探索技术公司的"猎鹰"-9 号火箭成功发射了 5 颗军用卫星进行星间激光通信演示试验，其中包括两颗 DARPA"黑杰克"项目技术演示卫星和两颗"激光互联组网通信系统"卫星，分别并行开展两项单独试验，用于收集低地球轨道的激光通信终端数据。空间量子通信方面，印度拉曼研究所 2021 年 2 月利用卫星技术开展的量子实验项目（QuEST）取得进展，在相距 50 米的两座建筑物之间，成功地展示了自由空间量子密钥分发技术。以此为基础，印度将可能实现更远距离的量子密钥分发，最终实现地面到卫星的安全量子通信。

（五）启动支撑"马赛克战"的新型通信网络项目

自"马赛克战"概念提出以来，美国国防高级研究计划局已开展多个项目为其提供支撑，2021 年 4 月和 9 月又分别启动"任务综合网络控制"项目和"天基自适应通信节点"项目。前者寻求构建和演示能够创建安全网络覆盖的软件，创建的安全网络覆盖层有多个控制机制，能够对敏捷自愈网络进行分布式管理，在高对抗、高动态环境中为多域杀伤网提供支持。后者旨在研发一种可重构、多协议、低尺寸、低重量、低功率和低成本的星间光通信终端，以解决目前和未来空间通信缺乏完全在轨互操作性的问题，支持各种不同卫星星座快速、安全共享数据。

四、信息安全领域推行新架构、应用新技术

(一) 零信任网络安全架构开启大规模国防应用

2021年4月,美国国防部国防信息系统局发布《零信任参考架构》1.0版,为国防部大规模采用零信任网络安全架构设定了战略目标、原则、相关标准和技术要求。零信任网络安全架构的核心思想是"永不信任、始终验证",即默认情况下不信任网络内部和外部的任何用户、设备或系统,始终需要基于认证和授权来重构访问控制的信任基础。不同于传统上静态的、基于"边界"防护的网络安全架构,零信任架构是一种动态的、基于"身份"认证的架构,更适应云计算、移动网络等技术普及应用的数字化时代。以此为指导,美国国防部加速推动网络安全架构向零信任的转型,《2022财年国防预算申请》中列支6.15亿美元用于零信任网络安全架构相关工作;8月宣布成立零信任专门团队,负责统筹管理相关人员、推广最佳实践方案、制定发展路线图等;9月在《联合全域指挥控制战略实施计划》中将零信任网络安全架构列为7种核心解决方案之一;11月宣布将"联合信息环境"的关键要素"联合区域安全堆栈"逐步过渡到"雷声之穹"这种零信任解决方案。美国空军、太空军接连表示将零信任网络安全架构作为未来优先发展事项。

(二) 区块链技术开启军事应用试点

2021年,美军持续开展与区块链公司的创新性合作,试点推进各军兵种应用场景论证落地。4月,美国空军快速维修办公室授出一份合同,开发基于区块链技术和3D打印的解决方案,使美国空军能够在野战条件和海外基地制造、测试和部署飞机和其他武器装备的可替换零件。5月,美国陆军

作战能力发展司令部在年度网络现代化实验期间，对区块链身份验证解决方案进行了测试。同月，美国海军启动研发基于区块链技术的医疗供应链系统，该系统使用物联网区块链平台和可信硬件"原石"追踪器，预计 2022 年初在美国海军进行应用试点，为海军和海军陆战队人员提供实时健康监测和后勤保障等服务。区块链技术在军事领域的应用逐步加快，未来有可能对武器装备研发、制造、试验、保障等领域产生重要影响，推动国防工业能力大幅跃升。

（中国电子科技集团发展战略研究中心　方芳）

2021 年指挥控制技术发展综述

2021 年，外军从顶层概念和国家战略层面进一步巩固指挥控制领域向着全域、一体化方向发展的理念。在具体的系统装备研制方面，外军继续通过"先进战斗管理系统"（ABMS）、"自动控制系统"（ACS）、"海军打击网络"（NSN）等重点项目，推进新型技术装备的研发、测试及部署。同时，通过更快地将人工智能和机器学习等新兴技术应用到战场，外军已大幅缩短杀伤链时间，实现了异构电子信息系统之间的信息共享，并显著提升了战略级的跨作战司令部协作、战役级全球感知及战术级筹划能力。

一、以全域、一体化为战略方针，视信息主导和决策优势为首要发展目标

（一）北约发布作战拱顶石概念，明确未来重点发展的技术领域

2021 年 7 月，北约发布《北约作战拱顶石概念》，详细描述了北约盟国须如何设计军事力量，以在未来 20 年内保持竞争优势，概述了北约盟国打赢战争所需的军事措施，以及实现战争任务目标的军事力量。该拱顶石概

念提出了 5 项需重点发展的领域，分别是：

（1）认知优势，在技术、理论、联合情报监视与侦察以及大数据方面，对威胁、对手和北约的作战环境形成一致的政治、军事认识，以真正了解作战环境、对手和联盟目标。

（2）分层弹性，北约需具备长期应对供应链与通信冲击以及认知域攻击的能力。

（3）影响力和力量投送，采取积极主动措施，塑造有利于北约的环境并将困境强加给对手。

（4）多域综合防御，北约需对多变的环境采取联合和灵活的方法，以保护联盟的整体力量。

（5）多域指挥，盟军指挥官必须即时了解作战环境的演变，并在更复杂的多域环境中采取有效行动。

（二）美将联合全域指挥控制上升至国家战略层面，并明确未来实施及发展计划

2021 年 7 月 26 日，美军正式公布新的联合作战概念（JWC）——"扩展机动"（Expanded Maneuver），以及 4 个子概念：信息优势、联合全域指挥与控制、联合火力、竞争后勤。其中，"联合全域指挥控制"（JADC2）概念强调将来自全域的传感器、射手和数据相连接，一方面提升情监侦数据的共享效率，使各层级美军部队都能及时掌握订制化的战场态势，另一方面提升快速构建和重组杀伤链的能力，快速决策抓住有利战机。在这一顶层概念的牵引下，美国国防部、各军种先后发布了《联合全域指挥控制战略》、新版空中力量条令《空军条令出版物 1：空军》、新版舰队指导文件《海军作战部长指导计划 2021》和《陆军未来司令部 2028 指挥控制概念：追求决策优势》等多份重要战略、条令与概念，标志着美军 JADC2 能力建设进入了新的阶段。

综合动向分析

1. 美国国防部发布《联合全域指挥与控制战略》，推动联合全域指挥控制能力由概念向作战技术转化

2021年6月，美国国防部长奥斯汀正式签署《联合全域指挥与控制（JADC2）战略》。该战略并未公开发布，通过国会研究服务处（CRS）2021年7月发布的更新版《JADC2：背景与问题》报告可知，JADC2战略明确了数据体系、人力体系、技术体系、核指挥控制与通信（NC3）及任务伙伴信息共享五大努力方向，并表示JADC2跨职能团队的工作与国防部数据战略和副部长创建数据优势的努力相一致。

2021年9月，美军联合参谋部J-6部副部长兼JADC2跨职能小组组长罗伯特·帕克准将在国防新闻发布会上透露了保密级JADC2概念实施计划的部分内容，包括目标、任务、转换和里程碑，以及各军种及作战司令部的任务与使命。实施计划将涵盖"6+1最小可行性产品"，包括DevSecOps、传输（思考网络）、云以及身份和凭证访问管理（ICAM）。总体而言，美军认为在JADC2能力建设上已取得了重大进展，相关战略和实施计划的落地标志着JADC2已由概念验证阶段进入到下一个关键阶段——作战技术转化。

2. 北美防空司令部和美国北方司令部发布未来战略愿景，提出全球一体化、全域感知、信息主导和决策优势四大战略原则

2021年3月，北美防空司令部（NORAD）和北方司令部（NORTHCOM）司令 Glen Vanherck 上将发布了未来战略愿景：即通过全域感知、信息主导、决策优势和全球一体化超越全球竞争对手，威慑对手，拒止和击败威胁。该战略明确了为美国和加拿大提供防御是最高优先事项。该战略的非密执行概要阐述了全球一体化、全域感知、信息主导和决策优势四大战略原则，以及采用全球整合思维方式战胜竞争对手和潜在对手的重要性。

3. 美国空军发布 AFDP–1 条令，首次将任务式指挥作为空中力量指控理念

2021 年 4 月，美国空军柯蒂斯·李梅条令制定和教育中心发布《空军条令出版物 1：空军》（AFDP–1），首次明确将任务式指挥作为空中力量指挥控制理念，指出将通过集中指挥、分布式控制和分散执行来实施任务式指挥。这是美国空军对一直以来集中控制和分散执行的空中力量运用原则的重要演进，体现了美国空军聚焦 JADC2 赋能的联合作战概念的重大转变。条令明确了执行任务式指挥的六大核心原则：①建立相互信任的团队；②建立共同的理解力，使各级决策者具备作出有效决策和管理相关风险所需的洞察力和远见；③提供明确的指挥官意图；④适当情况下采用任务型命令（MTO），任务型命令关注作战目的，而不是如何完成的细节，赋予下属最大可能的行动自由；⑤在不违反纪律的情况下发挥主动性，当现有的秩序不再适合当前形势或出现不可预见的威胁或机遇时，最大限度地发挥主动性；⑥接受适当的风险。美军教育训练司令部称，AFDP–1 可能是史上最具变革性的空军基本条令，标志着空军在"加速变革或失败"战略路径上的重要里程碑。

4. 美国海军发布新版计划文件，规划未来 10 年发展重点

2021 年 1 月 11 日，美国海军作战部长 Mike Gilday 发布了新版舰队指导文件——《海军作战部长指导计划 2021》。《海军作战部长指导计划》是美国海军最重要的顶层规划文件之一，对海军部队未来的作战概念以及装备发展具有决定性意义。2021 版《计划文件》提出，新兴网络化舰队是美国海军的发展方向。未来，美国海军将合并跨平台传感器，为舰船和飞机创建一个目标网络，即海军作战架构（NOA）。海军作战架构正是 JADC2 的海军组成部分——"超越计划"的核心。在海军内部，海军作战架构是除重新调整水下核威慑投资外的最高优先开发工作，美国海军将把该架构作为一个作战平台来运作和防卫，保护数据流，使联合部队获得决策优势。

5. 美国陆军提出面向 2028 的指挥控制概念，明确多域作战期间行使指挥控制所需的各项能力

2021 年 7 月 14 日，美国陆军未来司令部发布编号为 71-20-9 的手册《陆军未来司令部 2028 指挥控制概念：追求决策优势》（AFCC-C2）。该文件确定了美国陆军在未来的多域作战期间行使指挥控制所需的各项能力，并描述了 2028 年及以后的美国陆军如何利用这些能力，以更清晰、更精确的方式了解自身、对手和作战环境，从而通过贯穿全域的指挥控制作战职能和系统产生决策优势。该概念文件扩展了美国陆军的指挥控制作战职能，有助于形成更强的互操作性和未来多域作战能力。

（三）英国发布《国防数据战略》，以建立国防数字主干作为实现数字化转型的重要推手

2021 年 5 月 27 日，英国国防部发布《国防数据战略——构建数字主干，释放国防数据的力量》文件，详细阐述了英军未来的数字能力建设计划。《国防数据战略》指出，英军现有的指挥和作战体制在核心技术安全性、整体规划、人员运用和现代化数字科技开发能力、组织和文化对信息时代的适应性等方面存在短板。因此，英军紧随美军之后，将数字化转型工作提升至战略层面，对数字能力建设提出了较为清晰的目标规划。《国防数据战略》提出，到 2030 年，英国国防部将把数据视为推动和实现系统集成的重要资源，并将持续提供安全的、集成的、易于使用的数字能力，以获得"可持续"的军事优势。建立国防数字主干是英军实现数字化转型愿景的重要手段，也是这份《国防数据战略》的核心内容，对于英军实现多域整合和军事力量转型至关重要。该战略的发布使英国成为最先在军事领域提出数字能力建设战略的国家之一，是英军数字化建设的里程碑。

二、积极推进各域指挥控制系统装备建设，增强全域协同作战能力

2021年，外军在加强各域指挥控制能力建设的同时，进一步推进跨域协同指挥控制项目的发展。美军方面，各军种均积极推进JADC2支撑的项目的研制及试验；俄军则加快研制使用人工智能搜寻目标并制订打击计划的"自动控制系统"（ACS）项目；英国海军也启动了以实现多平台跨域协同作战为目标的"海上打击网络"（NSN）项目。

（一）美国各军种将JADC2能力建设作为发展重点，积极推进重点项目的研制与部署

美国国防部向国会提交的2022财年预算请求表明，各军种在JADC2相关支撑项目上的支出提案均有明显提升。针对JADC2战略及实施计划，美军进一步推进各重点项目的研制，其中包括实现JADC2的首要技术解决方案和核心支撑系统——空军先进战斗管理系统（ABMS）、旨在打造统一网络能力及数据标准的陆军"会聚工程"、建立通信即服务框架以解决混合舰队指挥控制问题的"对位压制工程"。美军通过改进快速采办方法，开展跨域联合演练等形式，验证了部分装备多军种、跨地域无缝链接及态势共享的能力。

1. 美国空军稳步推进ABMS的研制与试验，并通过"试验旗"系列综合演习更加高效地部署先进技术

1）创立JADC2作战实验室，助力ABMS更快实现目标

2021年6月17日，美国空军官网刊文称，"内利斯影子作战中心"已被美国国防部参谋长联席会议任命为JADC2作战实验室，用于信息收集和传播以及应用测试和开发。该中心将举办JADC2年度实验活动，聚集基地

所有领域的专家，并连接来自国防部的17个不同的作战实验室，以交换与作战相关的数据，目标是进一步推动空军ABMS的发展。

据美国空军官网2021年8月发布的信息，内利斯空军基地的飞行员正在利用"基于Web的信息主导战"（WIDOW）现代应用软件来实现战术层面任务规划过程的数字化。WIDOW是一种现代软件应用，旨在为飞行员、指挥官和联合伙伴提供规划细节的实时和分布式输入、协调和可视化。一旦ABMS就位，像WIDOW这样的应用程序将能够快速、敏捷地将数据传播到边缘、其他应用程序和任务合作伙伴，以支持实现JADC2愿景。

2）ABMS完成2次演示试验，项目建设转向以能力部署为重点

2021年，美国空军分别在2月和7月开展了先进战斗管理系统（ABMS）的第4、第5次演示试验。第4次ABMS演示试验展示了数项具有重要应用前景的能力，并实现了人工智能应用和战术边缘云的突破。第5次演示试验聚焦实现JADC2战略的技术，重点测试了新的通信技术以及边缘计算和存储能力。

5月，美国空军宣布，ABMS项目进入新的发展阶段，其项目建设重点由快速技术试验和开发转向作战能力部署，并计划通过"能力发布"向作战人员交付急需的作战能力，同时研发核心数字基础设施，确保联合部队互连的能力并支持实现各级决策优势。

3）开展"橙旗""黑旗""绿旗"大型兵力试验活动，演示验证"杀伤网"集成能力

2021年3月2日至4日期间，美国空军在加利福尼亚州R-2508靶场综合设施和内华达州试验训练靶场（NTTR）进行了2021年度首次"橙旗"和"黑旗"综合演习，重点演示了"杀伤网"集成和隐身平台对抗高科技对手的生存能力作为其核心成分。本次演习的一项重大成果是在无需人参

与的情况下，实现 F-35 和 F-22 战机与陆基远程火力、海基火力和天基传感器的集成。其他成果包括多个国家的 F-35 战机与美军指挥控制系统的集成，以及所有领域的战略情报、监视与侦察系统的集成。

2021 年 6 月 24 日，由美军位于加利福尼亚州爱德华兹空军基地的空军测试中心第 412 测试联队主导的"橙旗 21-2"演习（Orange Flag）与远在 2000 多英里外的佛罗里达州埃格林空军基地的"绿旗"演习（Emerald Flag）相连接，旨在演示验证远程数据连接和目标定位能力。此外，作为"橙旗"演习的一个重要组成部分，美国空军先锋计划"天空博格"（Skyborg）半无人自主系统搭载通用原子公司的"复仇者"无人机参与了此次行动。通过本次同步进行的"橙旗"和"绿旗"演习，美国空军最新的大型部队测试活动利用远程"杀伤网"技术和自主无人机的整合再次突破了现代空战的界限。

4）空战指挥控制系统迎来重大升级，实现在云端生成空中任务指令

2021 年 5 月，位于卡塔尔乌代德空军基地的美国空军中央司令部第 609 空战中心（AOC）成为美国空军第一个使用"凯塞尔航线全域作战套件"（KRADOS）生成空中任务指令（ATO）的空战中心。"全域作战套件"由美国空军生命周期管理中心的第 12 分队即"凯塞尔航线"软件实验室开发，它采用与 ABMS 相同的研发原则，通过引入新技术来改进空战计划和执行过程。这一基于云的新系统允许计划人员在任何地方制定空中任务指令，并使用自动化和先进的软件来完成通常需要数十名人员使用"烟囱式"系统才能完成的任务。

2. 美国海军全力发展"超越计划"，加快新型技术装备的部署

1）部署首个舰载数字环境——"应用兵工厂"，推动海军数字化转型

2021 年 8 月，美国海军信息战系统司令部（NAVWAR）在位于夏威夷

的太平洋地区网络作战中心（PRNOC）部署了海军首个军用数字环境——"应用兵工厂"（Application Arsenal），首次使海军能够远程自动下载应用程序软件，是海军数字化转型的主要例证，也是推进"超越计划"的重要一环。"应用兵工厂"首先交付给太平洋地区网络作战中心，为太平洋战区提供服务。正在接收最新版"统一海上网络企业服务"（CANES）的海军舰船将能够利用"应用兵工厂"的能力，远程自动更新 CANES 上托管的应用程序软件。"应用兵工厂"是海军数字化转型的主要例证，它有效地利用了现代数字化技术和信息技术，使旧流程实现自动化和标准化，提升了舰队全球战备水平。

2）海军助理部长签署备忘录，统一管理"超越计划"核心技术项目

2021 年 7 月 20 日，美国海军负责研发和采办的助理部长 Frederick Stefany 将军签署了一份备忘录，要求海军所有项目执行办公室对其管理的项目进行重新梳理，以确定应当纳入"超越计划"范畴的项目，希望将所有与海军作战架构（NOA）核心技术以及关乎"超越计划"成败的项目都交由指挥、控制、通信、计算机、情报项目执行办公室（PEO C^4I）统一管理。尽管海军高层已经在公开场合多次透露了"超越计划"的细节内容，但此次对整个采办体系的重组释放出更加明确的信号，表明了海军大力发展和落实"超越计划"的坚定决心。

3. 美国陆军聚焦"多域作战"，积极推进新型技术装备发展，并通过"会聚工程"提升与其他军种和盟军的协同作战能力

1）聚焦印太，开展"会聚工程2021"演习，通过七大场景测试多项先进技术

美国陆军于 2021 年 10 月 12 日至 11 月 10 日举行了"会聚工程2021"作战试验，此次活动主要由 7 个场景组成，聚焦于印太地区第一岛链和第二

岛链区域，展示了美国陆军为实施国防部 JADC2 战略所部署的未来能力，并以全球冲突背景下的中俄为竞争对手来演示不断发展的联合作战概念。2021 年演习由来自陆军第 82 空降师、多域特战部队、空军、海军以及海军陆战队的大约 7000 人参加，还有 900 多名数据收集人员，是一次真正意义上的联合行动。本次演习验证了 110 项新技术（包括 35 项来自其他军种的新技术）的功能及互操作性。演习后的初步成果评估表明，通过 7 个演习场景测试陆军与联合技术的互操作性，指挥控制网络显著扩大，作战范围与战场能见度得到提高。

2）一体化防空反导作战指挥系统实现全域跨国通联能力，即将进入实战部署阶段

2021 年 7 月 15 日，美国陆军在新墨西哥州白沙导弹靶场完成了一体化防空反导作战指挥系统（IBCS）的第 8 次也是最后一次研发试验。在此次试验中，IBCS 集成了迄今为止最广泛的传感器，验证了 IBCS 连接跨军种传感器的能力。2021 年开展的一系列试验已表明，IBCS 不仅具备通联美国陆、海、空三军传感器的能力，还实现了与盟国通信系统的集成，为未来多国联合部队遂行多域作战打下了坚实的基础。美国陆军空间和导弹防御司令部负责人丹尼尔·卡布勒中将表示，IBCS 一旦全面部署，将提供一种改变游戏规则的能力，使美国防空反导部队实现能力定制和规模的灵活调整，以应对不断变化的威胁环境。

3）指挥所综合基础设施进入工程制造阶段，增强陆军指挥所的机动性及生存能力

2021 年 6 月，美国陆军测试了指挥所综合基础设施（CPI2）原型系统。第 2 斯特赖克旅在 29 分钟内完成了 CPI2 的部署，45 分钟内完成整个旅战术行动中心的部署，与传统指挥所结构 3 小时完成部署相比，速度快了 3

倍。美国陆军表示 CPI2 已经通过了"最终原型设计审查"并获得增量 1 的里程碑 B 决策权，正式进入到工程制造阶段。CPI2 是美国陆军增强多域作战指挥所机动性和可生存性方面的一种解决方案，其目的是通过在物理特征、机动性、标准化和一体化等方面进行改进，提供机动式、可裁剪、抗毁性强的车辆与方舱组合指挥系统平台，以取代大型的易受攻击的帐篷式固定指挥所。

4）授予"战术情报目标访问节点"原型开发合同，推进多域深度态势感知能力发展

2021 年 6 月，美国陆军项目办公室分别授予雷声公司和帕兰蒂尔公司一份为期 12 个月、总价值 850 万美元的战术情报目标访问节点（TITAN）地面站原型设计竞争合同，旨在为陆军开发一个移动地面站，以支持士兵和分析人员处理大量卫星、空中及地面传感器数据。雷声公司将与七家公司合作：Algorithmia 和 C3.ai 用于数据分析；柯林斯航空航天公司负责通信技术；Curtiss–Wright Defense 公司负责网络基础设施；ESRI 公司负责地理信息软件；General Dynamics Mission Systems 公司负责车辆制造；L3 Harris 公司负责通信和数据链设备。同时，诺斯罗普·格鲁曼公司正在根据国防创新部队和陆军战术能力开发办公室开发两个原型 TITAN 地面站，预计在 2022 年和 2023 年的演习中进行测试。

（二）美国开展核指挥控制技术原型研发和演示，推进未来核指挥控制网架构的发展

在 2021 年 4 月提交给参议院武装部队委员会的声明中，负责核作战的指挥官，美国战略司令部司令、海军上将查尔斯·理查德（Charles a. Richard）表示，美国需要一项有效的核指挥、控制和通信（NC3）战略，将当前和未来的交付系统连接至国家领导人和指挥所，适应不断出现和快

速发展的威胁，并规划未来的技术和使用模式，以保持领先于威胁。为此，MITRE 公司正开发和演示技术原型，帮助美国核体系向工业界转移技术，以降低技术风险，加快能力发展，以推进未来 NC3 架构的发展。

根据 2021 年 8 月公布的消息，MITRE 公司已开发的原型包括一个可用于传统终端的甚低频（VLF）波形、一个鲁棒的消息传递原型和一个新的韧性会议功能。结合极高频通信，这些原型为 B-52 和 B-2 轰炸机提供整个冲突范围内的超视距通信能力。以上原型证实了核心架构概念将改善美国的核威慑态势，并被纳入美国 NC3 未来的采办和部署计划。这项工作直接影响了未来 NC3 应对威胁的能力。除原型之外，MITRE 正在开发一种全新的企业级核指挥控制（NC2）/NC3 建模能力。该能力采用战略 NC2 流程指导核响应，并模拟在核战压力条件下潜在的 NC3 体系架构。

（三）俄罗斯通过推进各级指挥控制能力建设，增强不同军种间的协同作战能力

1. 完成新型战术级防空自动化指挥系统首测，有效提升对高精度制导武器和多用途无人机的防御能力

据俄罗斯《军工信使》网站报道，俄新式野战防空指挥系统"首领"已于 2021 年 7 月完成国家测试，并开始进行批量生产。"首领"是在"巴尔瑙尔"-T 防空自动化指挥系统的基础上研制完成，主要用于空中侦察和指挥协调陆军、空降兵的防空系统作战。该系统可快速统一的目标选择和分配制度；准确识别所有来源空中态势信息，跟踪给定数量目标；对适配发射位置使用最低数量火力的优化选择；实现射击管理和火力单位分配自动化；实现不同类型防空系统实时指挥与控制；与其他空中侦察、控制和通信系统信息共享。未来，"首领"将集成到多个防空导弹系统构成的防空体系中，实现侦察手段、防空指挥和火力杀伤的网络化和智能化，满足现代防空作战高效预警、快速决策、及时响应的需求，有效提高俄军野战防空系统防御高精度制导武器和多用途无人机的能力。

2. 加快"自动控制系统"建设，实现各军种不同平台间的集成与协调

根据美国海军分析中心（CNA）2021年5月发布的《俄罗斯人工智能和自主技术现状》研究报告，俄军目前在指挥控制领域的重点是通过推进"自动控制系统"（ACS）的建设，将各军种不同平台间的信息集成，以更好协调部队，并实现快速决策。根据俄罗斯军事百科的定义，ACS是实现军队或武器指挥控制流程自动化的系统，这些流程包括收集、处理、存储和交付信息，从而使部队和武器的指挥控制能力达到最优。该系统与美国JADC2系统相似，使用人工智能搜寻目标并制定打击计划，不同在于ACS系统试图将人类排除在外，力求在无人干预的情况下，独立探测潜在目标并分配导弹打击任务；寻求能更好应对复杂地缘政治威胁的人工智能技术，开发能够实时和前瞻性分析军事政局的超级计算能力；尝试结合自主与人工智能，并融入核指挥和控制系统，确保可靠的二次打击能力，增强核威慑力。

（四）英国启动"海军打击网络"计划，旨在为多平台跨域协同作战提供一体化作战网

2021年9月，在伦敦举行的2021年度国际防务装备展（DSEI）上，英国第二海务大臣NickHine中将表示，英国皇家海军（RN）正在推进"海军打击网络"（Naval Strike Network，NSN）计划的开发和部署工作。NSN将成为英海军基于通用架构和标准的泛海军数字骨干，未来所有传感器、效应器（Effectors）和判定器（Deciders）都将互联，使有人和无人资产在一个单一、一体化的网络中协同作战。Hine中将表示，NSN是提升系统连通性、进而利用分散解聚的力量获得所有优势的根基。

目前，NSN 的传输架构、通信基础设施、信息类型等均尚未确定，仅明确了 NSN 应仅在必要的情况下组网的设想。NSN 在很大程度上反映了与美国海军"对位压制工程"相同的目标：构建一体化、多域作战网络，实现所有平台的通信和信息共享。可见，在"对位压制"问题上，英国与美国步调一致，并在开展相关合作。

三、各国均加大人工智能、自主技术等颠覆性技术的研究与应用力度，抢占未来全域作战环境下的技术制高点

2022 财年，美国国防部增加了 JADC2 战略相关技术（如人工智能、5G 网络）的预算投入。其中，人工智能技术是实施传感器到射手关键任务的重要组成部分。2022 财年，美军预算提案包括 600 项独立的人工智能项目，预算达到 8.74 亿美元，较 2021 财年增长 50%。除美国外，其他国家也都加快了人工智能等前沿技术的军事化进程，如英国海军和陆军首次在实战演习中测试了人工智能技术。

（一）美国国防部及各军种积极开展各类试验及演示验证活动，对智能化指挥控制技术进行测试及评估

1. 美国北方司令部举行"全球信息主导"系列试验，加速利用人工智能实现 JADC2 所需信息优势

2020 年 12 月至 2021 年 7 月，美国北方司令部（NORTHCOM）完成了三次"全球信息主导"（GIDE）试验，该试验系列结合了人工智能、云计算和传感器技术，提升了美军对未来事件的预测能力。2020 年 12 月举行的 GIDE 1 将敌军运动的历史信号情报、电子情报和卫星图像提供给人工智能算法，通过该算法生成可能的敌人行动路线并推荐主动的蓝军响应对策。

GIDE 2 于 2021 年 3 月 22 日至 23 日举行，进一步吸纳所有作战司令部和联合人工智能中心（JAIC）参与试验，重点测试了三种决策辅助工具——Cosmos、Lattice 和 Gaia，它们利用人工智能和机器学习技术、从战术到战略层面快速为决策者提供信息，可在全球范围内对抗两个竞争对手。GIDE 3 于 2021 年 7 月 8 日至 15 日进行，重点测试了能够实现 JADC2 核心功能的 Matchmaker 工具，演示了通过从战场和分析人员获得的实时数据来制定防御策略。

2. 美国空军启动"提线木偶"项目，旨在建立全新数学框架以量化多域行动方案

2021 年 3 月，美国空军研究实验室启动"提线木偶：支持强加复杂性的多域指挥控制决策演算"项目，旨在建立全新数学框架以量化美军多域行动方案向对手强加的复杂性。"提线木偶"项目寻求将强加复杂性概念发展为作战工具，用于在特定作战场景下获得最优作战成果。该项目有两大研究领域：一是确立复杂性衡量指标；二是对多域行动方案强加的复杂性进行建模。"提线木偶"项目总经费约 990 万美元，计划 2022—2024 财年开展项目评估，并于 2024 财年开展项目演示验证。该项目表明，美军已经认识到复杂性对于未来战争的重要价值，并已着手研究如何掌控复杂性，意图在未来战场占据复杂性优势。

3. 美国海军演示"下一代数字助手"，旨在通过智能化、自然交互技术实现未来信息战

2021 年 8 月，在美国海军年度最大规模活动"海－空－天博览会"上，海军信息战系统司令部（NAVWAR）对当前关注的重要前沿技术及项目进行了演示验证，主要聚焦数据科学、人工智能和机器学习应用、移动应用程序、虚拟空中交通管制技术和无人潜航器等方面。其中，NAVWAR 首次演示验证了"周边环境智能谈话接口"(AISI)项目开发的能力,向与会者展示了智能化、自然交互技术如何实现未来信息战。AISI 采用模块化设计,集成了深度学习技术和一系列内部开发工具和业界开发的工具,可帮助决策者获得及时的、合成后的资讯。

4. 美国海军发布招标文件,寻求利用人工智能技术进一步提升海上态势感知能力

2021 年初,美国海军以小型企业创新研究(SBIR)形式发布招标文件,寻求利用人工智能技术进一步提升其最新的海上战术指挥控制(MTC2)系统的态势感知能力。该项目是美国海军继"宙斯盾"作战系统、SQQ-89 反潜战系统之后,又一项利用人工智能技术提升现役海上指挥控制系统能力的举措,希望以此减轻分析人员认知负担,提高任务效率,更及时地向决策者提供信息。该项目将开发地理空间分析算法,旨在提高杀伤链的速度和校准能力,为美军的通用作战图(COP)能力提供支持。

(二)英国首次在实战演练中测试人工智能技术,有效提升指挥控制流程的效率

1. 英国陆军首次在爱沙尼亚演习中部署人工智能技术,增强环境与地形分析能力

2021 年 7 月 7 日,英国陆军表示,其第 20 装甲步兵旅在爱沙尼亚"春季风暴"演习("卡布里"行动的一部分)中采用了人工智能引擎来分析环境与地形。据称,这是英国陆军第一次在行动中采用人工智能技术。此人工智能引擎采用自动化以及分析技术来对大量数据进行快速评估;随后,英国陆军将这些数据用于规划支持以及提升指挥与控制流程。英国陆军表示,人工智能节省了"大量的时间与精力",并提供了即时的规划支持。

2. 英国海军首次在海上实弹演习中测试人工智能软件，有效提升战术级决策能力

2021年5月至6月期间，美国和北约盟国在英国苏格兰和挪威海域举行了两年一度的"强大盾牌"军事演习。在此次演习期间，英国皇家海军首次在海上防空反导场景中测试了人工智能软件Startle和Sycoiea。Startle旨在通过提供实时建议和警报，减轻海军作战人员在作战室监视"空中图像"的负担。Sycoiea则在此基础上，为作战室团队提供有效识别来袭导弹的能力，并提出最佳武器的建议，其速度比最有经验的操作员更快。Sycoiea代表了人工智能在自动化平台和部队威胁评估武器（PFTE）分配领域的最前沿应用。

（三）俄罗斯等建统一领导"中枢"，加快推进人工智能军事化进程

1. 俄罗斯国防部组建直属单位，专职负责军事智能化工作

2021年9月，俄罗斯国防部宣布已筹划组建直属单位，专职负责军事智能化工作的政策研拟、标准制定和资源统筹。中央联邦政府成立类似美国国防高级研究计划局的远景基金会，负责国家级基础性、颠覆性研究项目；成立国家机器人技术发展中心，对军用、民用和军民两用机器人技术研发工作进行总体筹划协调。在国防部层面，成立科研和先进技术工艺创新总局，负责跟踪全球智能军事技术发展；成立国防部智能技术装备科研试验总中心、军用机器人发展委员会，为俄军机器人"家族"扩充助力；设立跨军种先期研究和特种规划局、特种科研中心，统筹规划以智能武器为代表的跨军种装备研建工作。以上这些动作均表明，俄罗斯已充分认识到在人工智能领域与美等西方国家存在技术差距，俄罗斯联邦政府和国防部正逐步完善智能技术领导指挥体系，提高管理和协调能力。

2. 提升武器装备智能化领域的科研和经费投入，通过各类演习验证智能化无人装备与人的协同作战能力

2021 年 11 月，俄罗斯总统普京出席了国防部和国防工业综合体举办的军事会议，在会议上普京指出，俄军需要研发具备更高自主性的先进人工智能机器人系统。根据军备计划，未来 10 年俄罗斯计划拨款 22 万亿卢布用于推进武器装备智能化发展。俄罗斯各类科研机构正加速推进人工智能在军事领域的应用研究并取得了一定成果，尽管部分研发项目仍处于起步阶段，但具有十分可观的未来发展前景。当前，俄罗斯已成功开发出新一代人工智能系统，首批智能化战车已投入使用。目前最先进的是由俄罗斯武器装备制造商 JSC–766–UPTK 公司研发制造的"天王星"–9（Uran–9）无人战车，于 2021 年 9 月举办的"西方–2021"演习中首次与常规地面部队装备开展了协同编队作战。Uran–9 能够沿预定路线自主移动、监视、搜索和打击目标（是否实施打击由操作人员决定）。由俄罗斯苏霍伊公司研发的 S–70"猎人"无人机也具备基于人工智能的控制系统，能够指挥无人机沿预定路线实时侦察，突破防御并完成打击地面目标的任务。目前，该无人机正在进行相关测试，包括独立执行任务以及与有人机组成编队协同开展作战行动。

四、结束语

2021 年外军指挥控制领域的发展动向表明，世界军事强国已将建设全域、一体化的指挥控制能力作为顶层战略方针，以此指导指挥控制领域系统装备的发展。美军新发布的"扩展机动"概念将 JADC2 作为四大支撑概念之一，随后接连发布了 JADC2 战略及相应的实施计划，并加大了对

JADC2 重点支撑项目的投入，这些表明美军在这一领域已率先从概念验证阶段正式进入到了向作战技术转化的阶段。此外，外军进一步加强前沿技术的研发力度，演示验证了人工智能、自主性等技术在增强数据处理及分析，缩短杀伤链时间，进而实现信息和决策优势方面的作用，为进一步推进全域、一体化指挥控制能力的实现提供了技术基础。

（中国电子科技集团第二十八研究所　李皓昱）

2021 年通信与网络技术发展综述

2021 年,为应对大国竞争局势下日益复杂、对抗性更加激烈的作战环境以及所谓对等对手带来的新兴威胁,外军从政策、装备、技术等多个层面着力解决通信网络静态、僵化以及韧性、敏捷性、互操作性和抗毁能力不足等问题,力求实现陆、海、空、天、网络、电磁域内各作战要素的动态无缝链接和信息共享,为联合全域指挥控制提供支持。在太空域,外军继续加深与商业领域的合作,推动新一代国防太空架构的建设。在地面域,出台顶层政策规划,指导战术与企业网络的整合,为向多域作战部队转型提供统一网络支持。前沿通信技术不断取得新进展:在军用 5G 领域,5G 技术试验范围继续扩大并陆续取得成果,军方和业界对 5G 军事应用的探索进一步深入;在对新型作战概念的支持方面,一些新型通信网络项目相继启动,为"马赛克战"愿景的实现提供关键支撑;多个国家在量子通信网络、软件无线电、天线等技术领域持续探索并实现新进展。

一、商业系统与技术广泛助力军事卫星通信发展

当前,商业系统与技术与军事卫星通信发展的融合已越来越广泛和深

入。蓬勃发展的商业卫星通信与网络创新技术为军用卫星通信注入了新的活力，军方不断增加对商业卫星通信能力的采购，"国防太空架构"和"商业空间互联网国防应用实验"（DEUCSI）等重要军事项目在商业力量的助力下不断推进并取得实质性进展。

（一）借助商业力量，重要军事卫星通信项目取得进展

1. 国防太空架构传输层建设按期推进

国防太空架构是美国太空发展局（SDA）自 2019 年成立后便开始重点打造的新型太空架构，由 7 个层次构成，其中传输层是整个架构的传输骨干，也是其余各层发挥功效及实现层内和层间联合并形成完整体系的基础，将为美军全球作战平台提供有保证、韧性、低延迟的军事数据和连通能力。SDA 目前正在开发国防太空架构的传输层"0 期"，2020 年已为传输层"0 期"采购了 20 颗卫星，计划于 2022 财年发射。2021 年，SDA 继续推进国防太空架构发展，开始征询传输层"1 期"建议，并积极组织演示试验，在传输层的建设上取得重要进展。

根据 2021 年 4 月 SDA 发布的国防太空架构"1 期"方案征询，传输层"1 期"将由约 150 颗由多家供应商开发制造的卫星组成，计划于 2024 财年发射。SDA 规划的传输层"1 期"星座包括 6 个近极轨圆平面。每个平面包含数十颗卫星，轨道高度 1000 千米。与此前"0 期"星座有所不同，SDA 有意在"1 期"采用"同构星座设计"，即所有卫星都配备基线任务有效载荷。

传输层是美军实现联合全域指挥控制（JADC2）概念的通信骨干网，而光学星间链路（OISL）是传输层的关键实现要素。为此，SDA 发布了《SDA 光通信标准（草案）》等文档，为传输层光通信奠定技术基础。同时还计划发射演示性有效载荷，对星间光链路进行试验，包括利用美国国防

高级研究计划局（DARPA）和美国空军研究实验室（AFRL）开发的两颗"黑杰克"项目 Mandrake Ⅱ 卫星演示星间光学交叉链路，利用通用原子公司开发的两颗卫星演示星间光学链路以及与 MQ-9 无人机的连接。

2021 年 8 月，SDA 又发布了传输层"1 期"建议征询书，就传输层"1 期"航天器、演示测试、发射服务、地面段及任务运维等向业界征询建议。

2. 商业空间互联网国防应用实验成功测试

商业空间互联网国防应用实验（DEUCSI）是美军近几年开展的利用非地球静止轨道（NGSO）商业互联网卫星星座实现高韧性、高带宽、高可用性的空军通信与数据共享能力的项目。2021 年，美军与 SES 及等向性系统（Isotropic Systems）公司成功进行了两次天线原型试验，验证了 Isotropic Systems 的高性能多波束终端同时连接多颗卫星以及捕获跟踪 SES O3b 中轨道卫星的能力。接下来还将测试该天线在不同卫星间无缝切换的能力以及战时通信的冗余、韧性跳跃能力。

美军还将在 DEUCSI 项下对 F-35 战斗机进行商业空间互联网应用测试。总之，新型低轨卫星星座，如 OneWeb 和 SpaceX 的星链（Starlink），通过提供全球范围的低延迟互联网连接，为美军改善通信能力提供了可能。例如，美国北方司令部正在北极地区进行 OneWeb 连接试验。在北极地区，传统卫星服务可用性差。同时，美国空军一直在测试使用星链和其他卫星星座与飞机进行数据传递。

（二）探索混合架构，整合军、商卫星系统构建无缝网络

政府和商业卫星网络之间的不兼容一直是美军多年来试图解决的一个棘手问题。美国太空军司令约翰·雷蒙德将军在《美国太空军卫星通信愿景》文件中称，目前卫星通信系统的"松散联盟"结构无法为美军全球军事行动提供足够的韧性和网络安全。为解决这一问题，美国空军研究实验室（AFRL）于 2021 年 2 月与卫讯（Viasat）公司签署合同，欲通过 Viasat 公司的混合自适应网络概念构建一个"混合架构"，将商业卫星与政府卫星进行整合，形成无缝网络。"混合自适应网络"是 Viasat 提出的一种独有的解决方案。它由商业卫星通信网络、军用卫星通信网络或二者混合构成，采用混合自适应网络管理、开放式标准网络接口、多模用户终端等先进技术将各网络分层构成一个多网络生态系统，实现更高弹性，并允许用户在多个网络之间无缝漫游。此次合同签订表明，这一方案已得到了军方的支持和认可，通过这一项目，美军将开始探索以更综合的方式利用商业星座和技术。

美国国防部也在寻求一种混合太空架构，将应急商业太空传感器和通信能力与美国政府空间系统相集成，同时结合一流的商业实践来保护跨多域网络。2021 年 10 月，美国国防创新部门（DIU）发布混合太空架构项目招标，寻求对能够在不同政府和商业网络之间进行通信的有效载荷进行演示验证。为实现这一演示，需开展多路径通信、可变信任协议、多源数据融合和基于云的分析四个领域的技术研究，使信息能够跨多密级网络传输，使用户能够根据不同任务风险调整信任因素，可跨多种情报来源请求数据，并能够在美国政府云上使用来自多源接口的数据。

（三）开展演示试验，验证多轨道卫星传输与切换能力

为使作战人员能够在高对抗作战环境中拥有灵活、冗余的多路径选择，美军近来极为重视多轨道卫星星座间的无缝切换能力，联合业界开展了一系列演示验证。这类解决方案增强了军方的"主要、备用、应急和紧急"（PACE）能力，能够使作战士兵在对抗性电子战环境中生存下来并出色完成任务。

1. 演示多轨道星座间传输与无缝切换能力

2021 年 11 月，Intelsat 和 OneWeb 等商业卫星公司面向美国国防部和美国陆军演示了地球静止轨道（GEO）和低地球轨道（LEO）星座之间的多样化传输能力和无缝切换能力。通过在多条路径上同时发送数据并实时调整 GEO 轨道和 LEO 轨道卫星星座之间的业务流量，通信可靠性得到了显著提高。Intelsat 和 OneWeb 同时使用 GEO 轨道和 LEO 轨道服务，在数据包级别即时切换轨道之间的数据流，利用软件根据终端服务的技术要求确定哪种连接将提供最佳体验。

2. 演示遥控飞机与多种轨道卫星通信能力

2021 年 9 月，休斯网络系统公司和 SES 公司宣布首次成功演示了遥控飞机与地球同步轨道和中地球轨道（MEO）卫星的新型通信能力。该演示使用了一个典型的无人情报、监视与侦察（ISR）任务，将高清视频和传感器数据从无人机传输到指挥中心。根据任务预设策略，即使在信号遇到干扰的情况下，通过休斯公司的资源管理系统（RMS）也能自动切换卫星信号以保持连接，并且只需几秒就能即时平稳完成波束切换。此次演示展示了业界首个遥控飞机与多轨道卫星的联网能力，这种高韧性航空连接能力为 MQ－9 等无人机提供了新的超视距任务机会，可极大提高其性能，同时使用户能够自主调配网络以满足 ISR 工作需求。

3. 演示单部终端与 LEO 和 GEO 星座的动中通/暂停通能力

2021 年 7 月，在一年一度的美国军事作战实验室演习中，Kymeta 公司的 u8 终端成功演示了在 GEO 卫星和开普勒（Kepler）公司 LEO 卫星之间的自动无缝切换。当前作战人员需要访问指挥控制（C2）网络，使用消息业务、电子邮件、VoIP 和电视会议服务，并需要能发送和接收大量数据的高吞吐量通信。虽然如今在偏远环境中作战的机动部队可通过传统甚小孔径终端（VSAT）或传统动中通终端进行通信，但他们无法访问高吞吐量的 LEO 星座。而此次演示证明，单使用一部综合 u8 终端就可以访问 GEO 卫星和 LEO 卫星，并实现两种轨道卫星间的无缝切换。它具备动中通和暂停通能力，并可实现高吞吐量。

二、整合战略、战术网络，构建支持多域作战的统一网络

为适应未来作战环境，支持多域作战，美国陆军正在进行转型，目标是到 2028 年具备初步多域作战能力，到 2035 年具备完备多域作战能力。而强大的网络是美国陆军实现多域作战愿景的基础。为此，美国陆军也在不断调整其网络现代化方向和方法。近年来，随着综合战术网（ITN）能力集的逐步部署，美军在战术网络现代化方面已经取得了相当大的成就，但在战略和作战层面的企业网络现代化工作上明显滞后，这种不平衡的方法造成了美军战术网和企业网的割裂。为此，美国陆军一方面继续推进战术网络现代化建设和能力集部署，另一方面制订了《统一网络计划》，对各项网络现代化工作进行整合和协调，特别是实现战术网和企业网的集成，构建未来多域作战部队所需的无缝统一网络。

（一）大幅增加预算，采购升级战术通信网络装备

在美国大幅削减其他军种项目预算的背景下，美国陆军战术网络采办团队在 2021 年提出的 2022 财年预算申请中，要求增加 5.37 亿美元的战术网络项目预算，凸显出战术网络现代化对于美军的重要性。作为 2022 财年 26 亿美元网络现代化预算的一部分，增加的资金将用于美国陆军装备无线电台和对其他先进士兵通信系统进行升级。

按照计划，美国陆军每两年向部队交付一批称为"能力集"的新型通

信网络装备。目前美国陆军正在部署"能力集 21",增加的预算将支持继续采购战术无线电台和其他商业通信设备,以支持"能力集 21"的后续部署,包括购买手持/背负式/小型(HMS)无线电台和"领队"电台。美国陆军还计划通过"低成本战术无线电替换项目"替换和升级传统"单信道地面和机载无线电系统"(SINCGARS)。

为支持综合战术网部署,美国陆军还将采购 Link 16、视距、超视距和战术可扩展移动自组网(TSM)波形无线电台等战术通信装备。

另一个预算增长的项目是战术网络技术现代化(TNT MIS)项目。该项目为地面移动部队和驻停部队提供网络连接和传输,拨款将侧重于实现美国陆军驻停能力的现代化,包括任务网络更新、备件、部队老旧技术的现代化以及区域中心节点的升级。

在现代化拨款中,美国陆军将投资进行商业卫星通信(包括低轨、中轨、地球同步轨道卫星以及高通量卫星)与战术网络传输的整合。这些关键技术都将有助于提高战术网络的速度和韧性,并在面对对手干扰时获得多种传输路径选择。

(二)开展信息征询,为下一阶段 CS 25 能力集开发划出重点

美国陆军"能力集 21"(CS 21)和"能力集 23"(CS 23)的相关部署开发工作正在进行中。其中,CS 21 侧重于远征性和直观性,已于 2021 财年部署到 4 个步兵旅,并计划于 2022 财年部署到更多步兵旅和一个斯特瑞克旅。CS 23 侧重于为中型斯特赖克旅装备网络工具,正处于设计开发过程中。"能力集 25"(CS 25)预计将侧重于重型装甲旅。它以 CS 21 和 CS 23 为基础,强调实现自动化和网络保护。CS 25 还将吸收美国陆军"会聚工程"(Project Convergence)的经验教训,更加注重利用数据管理并集成商业网络传输能力,最终实现"联合全域指挥控制(JADC2)"。

综合动向分析

2021年4月,美国陆军网络跨职能小组(NC3 CFT)发布"白皮书征询",将与美国陆军战术指挥控制通信计划执行办公室(PEO C3T)合作开发"能力集25"。此次征询将重点关注三项工作,即"指挥、控制、通信、计算机、网络、情报、监视与侦察/电子战(C^5ISR/EW)模块化开放套件标准(CMOSS)无线电技术",以及"卫星通信现代化"和"利用人工智能/机器学习预测战斗力"。

1. 推行CMOSS模块化开放式标准,实现跨平台通用性和快速能力开发

CMOSS是美国陆军针对C^5ISR/EW系统存在的子系统冗余、布线复杂、昂贵等各种问题,开发的一套开放架构行业和军种标准,核心目标是有效降低C^5ISR/EW系统的尺寸、重量和功率(SWaP),并通过共享硬件和软件组件,确保C^5ISR/EW系统软硬件跨多个平台的通用性,从而实现能力快速开发和新技术整合,增强C^5ISR功能之间的互操作性和同步性。

在"2021网络现代化实验"演习中,美国陆军对CMOSS进行了测试。CMOSS让士兵可以通过将加固标准VPX板卡插入到一个小盒子中,更轻松实现能力升级。演习中,研究团队在采用CMOSS的原型设备中集成了一种可以在软件定义无线电(SDR)上使用的TSM波形、一种定位、导航和授时(PNT)解决方案,以及车载任务指挥应用,还演示了CMOSS原型设备与徒步士兵"奈特勇士"态势感知工具和UH-60"黑鹰"直升机的互操作性。

2. 开发灵活地面卫星通信终端,支持多轨道、多星座、多网络连接

美国陆军非常重视卫星通信,在能力集系列中细致规划了卫星通信能力的发展路线。CS 25卫星通信现代化工作的目标是开发灵活的地面卫星通信终端。这些终端需要能够支持多轨道星座之间的多网络连接,并能够随

环境和形势变化自动切换星座。

目前美国陆军营以上指挥所的战术卫星通信主要通过 GEO 卫星提供。鉴于传统 GEO 通信卫星存在的延迟和带宽限制，美国陆军在 CS 23 和 CS 25 中非常关注中低轨道卫星通信能力的引入。在这方面，需要解决的一个难题是地面终端的兼容性问题，即美国陆军希望地面终端针对不同用户需求具有不同的尺寸，但都能兼容 LEO、MEO 和 GEO 卫星通信服务，并且能够自动无缝切换。这将极大提高作战人员的通信灵活性和可用性。

3. 利用人工智能/机器学习，提高后勤保障自动化和决策水平

美国陆军目前的持续保障参谋部门的大量任务都是以人工方式运行的，自动化程度严重不足，工作效率极其低下。在 CS 25 框架下，美国陆军希望通过开发利用人工智能与机器学习（AI/ML）技术，帮助后勤人员更快、更好地预测、提供信息并做出决策，提高后勤保障自动化水平，以支持未来的任务行动方案。

（三）发布《统一网络计划》，指导战术网与企业网协调发展

美国陆军以往的战术网和企业网现代化工作侧重于不同的方向：前者在战术级，侧重于任务指挥网络以及满足战术编队的战场需求；后者在战略和战役级，侧重于设施现代化，而在将这些战略和作战能力提供给战术编队方面却出现了缺口。

为协调网络现代化各项工作，特别是促进战术网和企业网的协调发展，构建支持未来多域作战的无缝统一网络，美国陆军于 2021 年 10 月发布《统一网络计划》，作为指导未来网络现代化工作的总体指导框架。该计划分析了美国陆军构建统一网络的必要性，阐述了统一网络的特征和作用，并给出了统一网络近期、中期、远期三个发展阶段和五条任务线。

根据这份《统一网络计划》，美国陆军将推进综合战术网和综合企业网的工作同步和能力融合,将二者完全集成到一个统一网络中;构建基于零信任的统一标准化安全架构保障统一网络安全;调整信号部队结构,由远征信号营(ESB)向更灵活、更轻便的增强型远征信号营(ESB-E)组织设计迁移;同时大力发展5G、软件定义网络、数据编织、人工智能/机器学习等关键技术。

按照规划,美国陆军最终将构建一个抗毁、安全的端到端统一网络,使美国陆军能够作为联合部队的一部分,在全域、全环境中跨所有地形和所有作战功能进行同时、无缝的整合和作战。鉴于信息技术和网络域快速、持续的发展变化,统一网络的现代化将是一个不断发展的连续过程,并且没有设定的最终状态。

三、前沿通信技术取得新进展

(一) 多角度探索5G军事应用,加强战场应用研究

近几年来,美国政府及国防各部门、各个智库等相继发布了多份军用5G相关的研究报告,并在多个军事基地开展5G移动通信技术试验,从作战概念、兵力结构、通信能力到网络安全、频谱管理和网络优化等多方面、多角度研究5G军事应用,既有深度也有广度。2021年,美国继续从顶层规划、演示试验、创新应用等方面积极推动5G军事应用的创新发展。

1. 发布5G战略实施计划,从试验、技术、安全三方面推动5G战略目标实现

为推动5G军事应用,美国曾于2020年5月发布《美国国防部5G战略》作为战略性指导文件。2020年底至2021年初,美国国防部又推出了一份《美国国防部5G战略实施计划》,提供了实施5G战略的更多细节,对

5G 技术的使用和推进提供了路线图。

按照《美国国防部 5G 战略》给出的 4 条工作线：①促进技术发展；②评估、减少 5G 漏洞并克服漏洞运行 5G；③影响 5G 标准和政策；④吸引合作伙伴。这份实施计划详细描述了美国国防部为实施 5G 战略所正在开展的相关工作，主要从试验、技术开发、安全保障三方面推动 5G 战略的实施。

在试验方面，美国国防部从 2020 年便开始选定一批军事基地进行 5G 技术测试，目前试验基地的范围正在进一步扩大，试验内容已从 5G 支持后勤保障、仿真训练等工作逐步过渡到直接支持作战指挥控制，构建战场通信网络。

在技术开发方面，美国国防部将通过促进 5G 技术创新和成熟来推动 5G 技术发展。具体开展的工作包括加快毫米波技术开发，同时推动毫米波与 Sub－6 吉赫协同发展；研究先进频谱管理方法，开发动态频谱共享技术；推进 5G 开放架构和虚拟化网络等。

在安全保障方面，通过技术、政策、产业链多方面措施支撑非安全网络的安全使用。《实施计划》强调在优化 5G 网络安全性的同时兼顾互操作性和效率，从多层面确保 5G 网络的安全性和可靠性。

2. 广泛开展业界合作，探索 5G 创新技术与应用

1）美国太空军发布信息征询，探索实现天基 5G 通信能力

2021 年 3 月 5 日，美国太空军太空与导弹系统中心发布了"5G 太空数据传输"项目的信息征询书，向业界寻求在太空网络中利用 5G 通信技术实现军队与指挥机构间快速且安全的数据传输方法。该项目征求 5G 多入多出（MIMO）、太空毫米波、无线接入网络切片、网络切片编排、人工智能、机器学习和深度学习、可信自治网络、网络安全、5G 太空物联网（IoST）、多

租户边缘计算、5G 天地网络以及太空网络拓扑等技术方案。

2）美国国防部授出合同，研发 5G 智能仓库和频谱共享技术

2021 年 4 月，美国国防部授予 Perspecta 实验室两份 5G 合同，用于研发智能仓库和频谱共享技术。这是美国国防部基于与商业提供商共享的电磁频谱带宽，在全国各地军事设施与业界合作开发军民两用 5G 能力的举措之一。

在智能仓库方面，Perspecta 实验室将在科罗纳多海军基地开发海军 5G 智能仓库原型。该基地正在开发海军部队与岸上设施之间的先进货物跟踪能力。Perspecta 实验室将为设备和后勤服务器之间的 5G 连接创建端到端安全解决方案，并提供附加网络容量，以支持额外的物联网连接设备。

Perspecta 实验室还负责美国犹他州希尔空军基地的动态频谱共享计划，这一计划可在 3.1~3.45 吉赫范围内实现空军雷达与 5G 蜂窝业务共享频谱。在频谱共享技术开发合同中，Perspecta 实验室将创建一个 5G 系统控制，以"快速探测和响应雷达活动，解释混淆雷达的传感器数据，并提高频谱利用率。"

3）洛克希德·马丁公司开发 5G.MIL 解决方案，提供多平台跨域高效韧性连接

2021 年 11 月 2 日，洛克希德·马丁公司表示与威瑞森（Verizon）公司签署协议，共同为美国国防部开发 5G 技术。洛克希德·马丁公司的 5G.MIL 项目，将利用威瑞森公司的商业 5G 基础设施，为美国国防部系统提供超安全可靠连接，将多个高科技作战平台整合成一个跨全域的紧密网络。此项战略关系协议还将建立一个联合研发实验室框架，以实现 5G.MIL 技术的原型开发、演示与测试。之后，两家公司已成功进行了一次联合演示，证实了洛克希德·马丁公司的开放式战术网关技术和威瑞森公司现场

5G 网络技术之间的互操作性。

3. 研究 5G 技术战场应用，改善指挥控制和战场边缘网络

随着 5G 网络在全球范围内的普及以及对手在这一能力上的大量投资，美军认为，了解和探索 5G 技术在支持作战行动方面的潜力至关重要。跨域信息和数据的快速传输对于推进多域作战和实现联合部队作战非常关键。战术边缘基地和移动平台的 5G 增强带宽和连接能力可以为指挥官提供更强大的可见性，增强指挥控制（C2）作战，并提高作战人员的态势感知能力。

2021 年 9 月，美国国防部授予 Viasat 公司合同，对 5G 网络在战场上的使用和实施情况开展研究。Viasat 将帮助美国国防部了解如何最佳利用 5G 技术在未来的联合作战计划中实现多域作战，包括支持联合全域指挥控制（JADC2）。

1）改进指挥控制应用和服务

Viasat 公司将提供支持指挥、控制、通信、计算机、情报、监视与侦察（C^4ISR）、组网和网络安全软件的 C2 硬件包，并使用 5G 技术将这些能力集成到战术网络中，以提高整个战场的可见性。Viasat 公司还将探索 5G 连接能力如何支持带宽密集型应用（如 ISR 制图），如何利用 5G 技术来共享实时态势感知信息，以及如何利用它为战场提供韧性云访问能力。

2）在战术边缘快速配置和部署 5G 增强网络

针对对抗环境中敏捷作战部署（ACE）行动，Viasat 公司将着眼于在战术边缘快速配置和部署行动时所需的 5G 安全节点。研究将侧重于了解企业编排和管理的配置和能力（网络数据如何进行路由）、战术网络规模确定和规划（如何优化网络/射频规划工具）和低截获概率/低探测概率（LPI/LPD）能力（如何防止对手发现网络）。

（二）启动支撑马赛克战的新型通信网络项目

自马赛克战概念提出以来，DARPA 已于 2020 年启动了"韧性组网分布式马赛克通信"（RN DMC）项目为其提供支撑。2021 年 2 月，该项目授出合同，开始了第一阶段的研发工作。

2021 年 4 月和 9 月，DARPA 又分别启动了"任务综合网络控制"（MINC）项目和"天基自适应通信节点"（Space – BACN）项目征询，为马赛克战最终愿景的实现提供关键支撑。

1."任务综合网络控制"项目开发任务驱动型韧性自主网络

2021 年 4 月，DARPA 战略技术办公室启动"任务集成网络控制"（MINC）项目建议征询，寻求构建和演示能够创建安全网络覆盖的软件，创建的安全网络覆盖层有多个控制机制，能够对敏捷自愈网络进行分布式管理，在高对抗、高动态环境中为多域杀伤网提供支持。该项目是马赛克战最终状态愿景的一个重要组成部分。

MINC 项目将解决目前战术网络在极端网络环境中运行时面临的大规模异构通信系统之间网络互操作性不足、支持任务的网络容量不足以及无法根据任务目标自主配置和动态重构网络等问题。项目将开发"始终在线"网络覆盖，以访问可用网络和通信资源以及控制参数；使用跨网络方法来优化和管理网络配置和信息流；创建一种任务驱动方法来确定用于杀伤网服务的关键信息流。

MINC 项目为期 48 个月，分三阶段进行。项目涵盖安全控制覆盖、分布式网络编排以及任务集成 3 个重点研究领域。

敏捷、韧性、可按需重组的网络与通信是实现马赛克战作战概念的基础。DARPA 近年陆续推出的通信项目，从低层到高层，基本组成了解决马赛克战通信问题的完整项目体系。MINC 之前的项目主要还是针对 OSI 模型的下三层，是为了解决通信物理层和特定环境下的低层组网和互操作问题，甚至是更底层的分布式天线问题。MINC 则上升到了网络之网络层面，解决更高层的异构网络资源发现、半自主分布式管控、编排和调度问题，同时采用了一种面向任务的方式，将解决的网络问题上升到了应用层。MINC 项目解决的问题针对的不仅仅是通信网而是信息网，项目追求的也不单纯是网络性能的最优化，而是要根据任务需求实现网络与信息的联合优化，最终目标是保证任务效能。MINC 计划将利用最新商用组网技术理念的进步，如软件定义网络（SDN）、网络功能虚拟化（NFV）、信息中心网络（ICN）、意图驱动网络（IDN）等，减少专用技术研发。

2. "天基自适应通信节点"项目解决空间通信在轨互操作性问题

2021 年 9 月，DARPA 发布了"天基自适应通信节点"（Space – BACN）技术领域的项目征询。该项目旨在克服目前和未来空间通信缺乏完全在轨互操作性问题，帮助各种不同卫星星座快速、安全共享数据。DARPA 将 Space – BACN 视为马赛克战目标状态愿景的重要组成部分，并期待该项目成为联合全域指挥控制的重要使能器。

Space – BACN 的目标是创造一种可重构、多协议、低尺寸、低重量、低功率和低成本（SWaP – C）的星间光通信终端。它易集成，并且能够连接运行不同光学星间链路规范、原本无法相互通信的异构星座。Space – BACN 终端将在低地球轨道平台上运行，可以安装在专用卫星上，充当通信和数据共享网关，或者与未来各种卫星集成，直接赋予它们这种能力。

Space – BACN 提出了一项"3 个 100"的开发目标，即支持"100 吉比特/秒"的空间单波长波形，功耗低于"100 瓦"，成本少于"100k"（10万美元）。

为实现上述目标，项目需要解决三个关键技术领域的问题，即模块化低成本光学孔径,可重配置调制解调器以及"跨星座指挥和控制"架构。

Space – BACN 是美军解决政府和商业卫星系统之间互操作性问题的一项重要举措,其研究成果将使美军多项低轨小卫星星座受益,有力推动美军"国防太空架构"愿景的实现,也为美军联合全域指挥控制提供了有力支撑。

(三)量子通信网络、软件无线电、天线等技术取得新发展

1. 多个国家量子通信与网络技术持续进步

在军用量子通信技术领域,美国陆军持续投入,几乎每年都有相关研究成果推出。美国军用嵌入式系统网站 2021 年 3 月报道,美国陆军资助的路易斯安那州立大学研究团队展示了一种机器学习方法,可以修正由光子组成的系统中的量子信息,提高了在战场上部署量子传感和量子通信技术的可能性,其成果有可能最终增强陆军在战场上的传感和通信能力。

近年来,新兴量子互联网的发展引发广泛国际关注。但目前量子网络的距离有限,这限制了其全球范围的部署和应用。通过卫星进行距离扩展,最终将天基系统与地面光网络进行集成,是实现真正的全球量子互联网的有效方式。印度近年来在该领域不断取得突破。2021 年 2 月,印度拉曼研究所利用卫星技术开展的量子实验项目(QuEST)取得进展,团队成功地在相距 50 米的两座建筑物之间,展示了自由空间量子密钥分发(QKD)技术。以此为基础,印度将可能实现更远距离的量子密钥分发,最终实现地面到卫星的安全量子通信。

日本东芝公司近来致力于量子保密通信技术和产品的商用化,在量子密钥分发(QKD)领域积极开展研发。2021 年 10 月报道,东芝欧洲公司开发出世界上首个基于芯片的 QKD 系统。该系统比光纤产品体积更小、重量更轻、功耗更低,并且可以进行批量生产,为安全通信与电子领域的大规

模市场应用提供有力支持。

2. 美军研究新型软件无线电设备与技术

2021年2月3日,美国空军研究实验室宣布与L3哈里斯公司签订宽带自适应射频保护(WARP)项目合同,该项目要求开发宽带自适应射频滤波器和抵消器,以便在拥挤和对抗环境中使用宽带软件定义无线电。当受到干扰和自干扰时,这些滤波器和抵消器通过对其自适应硬件的智能控制来自动感知和适应电磁环境。这一理念是有选择地衰减干扰,特别是在对抗环境中,并保护宽带数字无线电免于饱和。

2021年5月,美国空军授予柯林斯航空航天公司合同,开发两种能够在多个波形上传输大量图像、视频等数据的软件定义无线电,这两种电台将首次使用多节点网络连接并传输空中与地面无线电数据。柯林斯公司正在战术互联泛在系统软件可编程敏捷无线电(SPARTACUS)和软件可编程敏捷RF战术空中网络(SPARTAN)项目下为美国空军生产两种新的软件无线电,将利用开放系统架构,将商用现货技术与军事硬件相结合,使美国空军能够开发和实现特定任务波形,扩展网络节点,扩大数据传输范围。

3. 美军开展多项卫星通信天线原型测试

随着美军与商业互联网星座的合作越来越广泛深入,为了探索这类系统的军事应用,美军已多次与商业公司联合开展相关天线原型测试。

DUJUD公司为美军特种作战司令部(USSOCOM)开发了一种高能效的便携式卫星通信天线,可以使用SpaceX公司的"星链"低轨商业卫星通信星座。这种基于DUJUD专有3D天线技术的新型卫星通信天线阵列扫描角度超出传统平面(2D)天线阵列88%,功耗降低40%,尺寸减小一半,性能有极大提高,生产成本显著降低。

洛克希德·马丁公司和Ball Aerospace公司于2021年成功完成了多波

段、多任务（MBMM）相控阵原型天线的发射测试。这款天线能帮助多颗卫星同时连接到一个使用多频率的相控阵天线系统，它提高了美国空军卫星控制网的吞吐量以及地面基础设施和卫星系统的韧性，同时也缩小了天线规模。

四、结束语

2021 年，以美军为代表的外军通信与网络系统装备进入一个比较稳定的渐进发展期，新启动的大型装备研制项目比较少，大多动向是以往项目的后续研发进展。美军的核心任务主要还是围绕联合全域指挥控制解决通信网络系统的灵活性、韧性和互联互通问题。鉴于天基通信系统覆盖范围广，不受地形地域限制，是跨域连接分布式传感器和射手的最佳手段，因此天基通信网络成为近年来重点建设的部分。在地面域，在战术网建设进展较快、成果较为显著的前提下，未来发展的重点将是企业网以及战术网与企业网的进一步融合，为支持多域作战提供真正的无缝统一网络。

面临日益紧缩的国防预算，外军在装备发展上更注重通过对已有系统进行整合、改造来实现各系统之间的互联互通。同时广泛借助行业力量，引入商业成熟技术，通过大量试验测试获得使用反馈，从而实现节约资金，缩短研制周期，保持快速技术更新等优势。

（中国电子科技集团网络通信研究院　唐宁）

2021 年情报侦察技术发展综述

2021 年，全球多个地区动荡不定，"安全竞争""极限竞争""稳定竞争"等新名词不断出现，表明国际体系竞争愈发激烈，大国角力愈发突出，情报侦察也越来越受到各国的重视。总体而言，2021 年情报侦察领域呈现以下发展态势。

一、安全竞争时代的"威慑"对抗指引情监侦发展方向

随着大国竞争形式逐渐转向"安全竞争"，即不再以追求"你死我活"的零和博弈为宗旨，代之以压倒对方斗争意志而迫使对方屈服为目的，"威慑"思想全方面地指引着情监侦发展方向。美国《2022 财年国防授权法案》（NDAA）批准 71 亿美元用于加强印太地区的军事态势并威慑中国，明确针对情监侦领域提出了多方面的授权支持，不仅重点关注军种现代化和情监侦能力的发展，还阐述了数据战略、军事计划、情报机构设置等内容，为美国在大国竞争下的情报备战指明了方向。同时，多个智库报告也强调安全竞争时代的"威慑"对抗，这与官方思想相呼应。7 月，美国智库战略

与预算评估中心（CSBA）发布《实施侦察威慑：在印太地区提高态势感知的创新能力、程序和组织》报告，进一步扩展与深化 2020 年提出的"侦察威慑"概念，评估了如何利用现有平台和新兴能力来提高印太地区的态势感知能力。8 月，美国国际战略研究中心（CSIS）发布《发展现代化的情监侦，提升安全竞争时代的"发现"能力》评论文章，基于将中俄视为"竞争对手"的基调，聚焦情监侦领域，提出了美国及其伙伴亟需通过一系列措施完善现有的情监侦体系，以谋求安全竞争时代的信息优势。

美国陆军率先从情监侦角度出台了响应大国竞争时代的军种顶层规划，于 2021 年 1 月正式公开《美国陆军未来司令部情报概念 2028》，该文件为美国陆军未来情报发展奠定了理论基础，将对美国陆军获取情报跨域优势产生深远影响。

智库层面，2021 年相继出台了多份报告，探讨使用人工智能（AI）等新兴技术来应对未来战争中的情监侦威胁。包括：CSIS 于 1 月发布《保持情报优势：通过创新重塑情报》，指出情报界需使用 AI 来应对未来全球威胁；兰德公司于 1 月发布《美国空军情报分析的技术创新与未来》，探讨 AI 如何在高压环境下将正确的情报传递给正确的人员；米特（MITRE）公司于 3 月发布《未来的情报：确保在未来战场上的决策优势——高超声速作战节奏下的情报》，研究利用 AI 技术重塑战场情报工作以确保决策优势。

二、基于体系化感知目标，发展联合全域态势感知装备

未来冲突将越来越呈现出跨域、多域和多职能的性质，要实现从"军种联合"向"跨域协同"、再向"多域融合"的深层次发展，不仅需要从组织上作出改变，更需要大量新型装备和技术，对情报侦察也提出了新的需求。

2021 年,美军在传感器技术标准领域取得了快速发展,为加强体系跨域作战能力,实现平台间的互联互通坚定了基础。开放组织下属的 SOSA 联合会于 9 月 27 日正式发布了首个开放式体系架构军用传感器标准——SOSA™ 参考体系架构技术标准 1.0 版,用于支持美国国防部 C^5ISR(指挥、控制、通信、计算机、网络、情报、监视与侦察)的开发。

(一)全球商用天基情监侦能力迅猛发展

以美军为首的军事强国正在持续加大力度将快速发展的新型商用卫星能力引入到其空间情报体系中,构建"国家+商用的综合天基情监侦体系"。

在图像卫星上,美国国家侦察局延长并扩展了与行星联邦(Planet Federal)公司的商业卫星图像合同。根据合同,行星联邦公司将继续每日向美国情报和国防部门提供 3~5 米分辨率的非机密图像,同时提供有限的视频图像服务。

在射频卫星上,鹰眼 360 公司于 2 月推出用于射频地理空间情报分析的商业平台"太空任务"(Mission Space),通过可视化全球射频活动的整体图景,并在 6 月成功发射 3 颗"集群 3"(Cluster3)小卫星,将显著扩大星座的全球重访和数据收集能力。鹰眼 360 公司还计划在 2021 年和 2022 年启动 7 颗额外的下一代集群,组成基线星座,将重放率降低到 20 分钟,为时敏防务、安全和商业应用提供支持,加速利用射频地理空间情报对抗对手国家。此外,美国 Spire 公司计划利用气象纳米卫星获取天基信号情报,这是 Spire 公司气象纳米卫星的新用途,美国政府、军方及情报界用户以及英国政府都对此极大关注。

在合成孔径雷达(SAR)卫星上,初创企业加快了 SAR 卫星星座的建设。6 月 30 日,美国本影公司(Umbra)发射了首颗商用 SAR 卫星"本影-2001",配备了 X 波段的合成孔径雷达,可在 16 千米^2 的区域内以 0.25

米的分辨率获取图像。美国卡佩拉卫星公司又相继发射了4颗卫星，随后又赢得美国太空发展局导弹探测跟踪的遥感技术研究合同，并正式推出其开放数据计划，提供对基础SAR数据的访问。芬兰冰眼（ICEYE）公司发射了4颗新型SAR卫星，配备了该公司最新的SAR卫星技术，将实现创新型SAR成像能力。美国陆军寻求与冰眼公司合作，将SAR技术应用于陆军任务中，以缩短杀伤链闭合时间。日本SAR卫星数据和分析解决方案提供商Synspective公司宣布成功地从自己的首颗SAR卫星"Strix－α"中获取了第一张图像，这是日本首次成功从太空获取商业SAR卫星（100千克级）图像。

（二）军事强国加强空间侦察能力

美国空间侦察相关机构做出重大调整，不仅将美国天军（USSF）正式纳入美国情报界，成为情报界的第18名成员，还明确了太空职能单位的职责范围，通过《受保护的国防战略框架》协议明确了美国国家地理空间情报局（NGA）、美国太空军和美国太空司令部的各自职责，旨在消除各相关机构间长期存在的利益冲突，推动空间侦察相关机构开展"前所未有的"紧密协作。

同时，多个军事强国也加强了传统侦察卫星的更新换代。俄罗斯发射了"北极"水文气象和气候监测系统的首颗气象卫星"北极"－M；韩国计划从2022年起开发一种基于微卫星的侦察系统，以增强其探测朝鲜机动导弹发射器等安全威胁的能力；法国3颗"天基信号情报能力"（CERES 1/2/3）卫星成功发射升空，将构成法国首个信号情报卫星系统，使法国更好地收集太空电磁信号，为法国提供下一代空间监视能力。

（三）积极研发并升级有人/无人侦察装备

为适应未来作战，美军积极研发与升级有人与无人侦察装备，并从机构建设、演示验证、项目技术等多角度推进有人无人协同侦察作战，旨在大幅度提升"单向透明"的态势感知优势。

有人侦察系统普遍向高性能、综合化发展。美国陆军的新侦察机项目"未来攻击侦察机"（FARA）正在有序推进，已于3月进入项目原型机竞争演示工作。4月，以色列空军新型"奥龙"情报收集飞机进驻以色列内瓦蒂姆空军基地，可收集电子情报/通信情报传感器数据。8月，美国陆军首次成功试飞新型"机载侦察和电子战系统"（ARES）飞机，将帮助部队实现机载情监侦能力现代化，并将纳入"高精度探测和开发系统"（HADES）计划；12月，美国空军研究实验室在网上公开了关于Mayhem高超声速飞行器项目的合同文件，该系统可搭载响应ISR载荷，未来将用于侦察/打击任务。

无人侦察系统多样化发展，支持陆、海、空多域战场情报获取。无人侦察机方面，美国海军两架MQ-4C"海神之子"完成首次日本轮换部署任务，将为美国第7舰队提供海上监视和持续情监侦能力；美军"复仇者"无人机演示了装备支持静默攻击的"军团"光电吊舱，进行了自动跟踪目标测试；以色列推出执行海上情报监视任务的"轨道器-4"无人机；乌克兰新型情报搜集无人机开始进行飞行测试。无人侦察车方面，韩国新型6×6无人侦察车研制成功，美国一公司推出了专为美国海军陆战队的高级侦察车计划而制造的"水腹蛇"无人侦察车。海上无人侦察方面，美军升级了MK-18 Mod 2无人潜航器的传感器，接收了"海鹰"号无人水面舰艇。此外，法国还研制出一种能为舰队安全航行提供环境信息的低成本水下滑翔器，英国海军测试用于调查未知水域信息的"水獭"无人勘测船。

有人无人协同侦察将成为未来作战的常态。在海域方面，美国海军成立第59特遣部队，旨在集成新型和具有潜力的无人、人工智能赋能系统，用于增强海域感知，提高威慑力，并开展"无人系统综合作战问题 21"（UxS IBP 21）演习，此次演习聚焦无人侦察系统与现有有人侦察装备体系的协同作战。在空域方面，美国空军研究实验室宣布已成功进行了 XQ–58A"女武神"无人机空射"空射管内集成无人系统–600"的试验，标志着美军完成了从有人机–无人机、直升机–无人机向无人机–无人机的协同侦察作战模式的突破。

三、数据驱动的新质作战能力正凸显其作战效能

数据已成为战场制信息权的核心驱动力，以"数据为中心"的新质作战能力正凸显其极高的作战效能。在情监侦领域，数据作为战略资产可为传感器数据管理、情报数据处理提供有利条件。为此，美国正在持续通过战略规划、项目布局等方式提升数据治理水平。

2021 年 5 月，美国国防部发布《创造数据优势》备忘录，推进将国防部转型为以数据为中心的组织，目的是"提高战斗性能，并在从作战空间到理事会会议的所有层级创造决策优势"。6 月，美国海军代理部长签署数据优势备忘录，强调海军部将支持国防部数据战略，并指示海军部必须采取行动，以实现数据战略目标以及利用数据获得决策优势的愿景。10 月，美国国防部国家地理空间情报局发布《数据战略 2021：当前与未来的任务》，提出"快速、精准、安全地创建、管理和分享可信数据"的愿景，旨在为处理大量地理空间情报数据提供有效、便捷的途径，从而为美情报界、军方及相关决策者提供有价值的情报。12 月，美国国防部正式设立首席数据和人工智能官（CDAO），负责监督多个先前存在的办公室，包括首席数据官办公室（CDO）、联合人工智能中心（JAIC）和国防数字服务办公室（DDS）。

3月，美国太空军授出空间态势感知数据库"统一数据库"（UDL）合同。该数据库旨在收集和整合来自军事、情报界、商业和外国的空间目标跟踪数据，其最初目标是为数据提供单一位置，并帮助简化数据权限管理。3月，美国国防情报局发布"机器辅助分析快速存储数据库系统"（MARS）的第二个最小化可行性产品，用于提供初始作战序列能力。该产品将基于对手军队部署的地理位置及其配属装备，推理判断出该部队的层级与兵力结构。

在技术应用方面，诺斯罗普·格鲁曼公司正在将Deepwave数字公司的人工智能解决方案集成到机载和太空有效载荷上，将数据处理推向更接近收集点的位置，让有效载荷自行处理数据，减少需要传输的数据量，实现情报产品的更快交付。美国陆军工程师和信息技术专家正致力于将"造雨者"（Rainmaker）数据结构程序集成至该军种"综合战术网络"（ITN）内的关键应用中，陆军C^5ISR中心正在与该军种的远程精确火力跨职能小组（LRPF CFT）协调，以通过"造雨者"和其他数据结构系统缩短传感器到射手的数据传输时间，未来几年还将利用新型数据架构Data Fabric向武器系统提供关键信息。

四、情监侦新技术不断取得重大突破

2021年，量子传感、数据处理、光学成像等多个技术取得重要突破，将对情报侦察领域产生深远影响。

美国陆军研究实验室利用Rydberg量子接收机首次探测了现实世界真实全频谱无线电信号，包括调幅（AM）、调频（FM）、Wi–Fi、蓝牙信号以及其他信号。DARPA启动了"量子孔径"（QA）项目，通过采用量子传感技术，开发一种全新的射频天线，可对射频信号侦察定位的新概念或方法带来颠覆性的影响。

在数据处理领域，DARPA启动像素智能处理（IP2）项目，将人工智能引入边缘高端视频处理的嵌入式计算领域。同时，2021年，美国在DNA数据存储技术领域取得一批实用性成果，DNA数据存储联盟发布了首份白皮书——《保护我们的数字遗产：DNA数据存储简介》，规划技术发展方向。DNA存储在编码、合成、存储和检索等方面接连取得突破性发展，有望解决面临的成本、效率和不稳定问题，将极大地缩短DNA存储技术迈向实用化的进程。未来可应用在海量数据存储、机密数据存储与传递等方面，具有巨大军事应用前景。

DARPA的极限光学和成像（EXTREME）取得阶段性成果，展示了更小、更轻、功能更强大的透镜材料，能够实现传统光学系统尺寸、重量和功率（SWaP）特性的革命性改进，将有效解决微小型无人机载荷能力不足的问题，为在竞争空域中飞行侦察的无人蜂群赋能。这种具有新颖光学特性的材料正在为政府和军事成像系统提供新的功能，已在集成紧凑型光电/红外系统（ICES）、XQ-58试验性隐身无人作战飞行器和空射无人机（ALOBO）等颠覆性能力项目中应用。

（中国电子科技集团第十研究所　郭敏洁　吴技）

2021 年预警探测技术发展综述

2021 年,世界军事强国为应对高超声速武器、极度隐身、卫星拦截碎片,以及快速发展的蜂群威胁,积极部署应对措施,探索新型预警探测手段,发展新技术,研发新装备,推进重大装备的试验和部署。

一、在防空预警探测领域,重视新型防空雷达装备研发,持续提升综合作战能力

随着战场环境日益复杂,各类作战飞机、无人机、巡航导弹、临近空间目标、战术弹道导弹等复杂威胁目标可能在高空和超低空、远程和近程同时存在,其高速隐身高机动或低空慢速小型化等灵活多变的突防手段对现有作战体系带来了严重挑战。近年来,涌现出了一批采用新一代技术的新型防空雷达装备,2021 年全球军用防空雷达主要呈现出以下几大趋势:

(一)提升综合作战能力,不断推出新型防空预警雷达装备

面对复杂的作战环境,为完善预警探测体系,全球范围内多个国家都

在积极地推出新型防空预警雷达来弥补防空预警缺口,在研的新型防空预警雷达大多采用先进的氮化镓有源电扫阵列(AESA)等技术,呈现出模块化、多任务、多用途、高机动性等极优异的性能。韩国国防采办项目管理局2021年2月初表示将研制一种国产远程防空雷达来取代从国外引进的老旧雷达,并已与韩国LIG Nex1公司签署了一份价值460亿韩元(4100万美元)为期4年的项目开发协议,计划2027年启动雷达部署工作。乌克兰监视雷达系统制造商火花(Iskra)公司2021年5月表示其新型1L300 Mangust多任务雷达样机已准备投产。机动式Mangust雷达具备远程防空、对空监视和火控功能,能探测与分类飞机和弹道目标等所有类型的空中威胁,生成实时空情图,并为拦截弹或防空火炮提供火控制导。德国亨索尔特公司在2021年9月的英国国际防务展上推出了其最新开发的C波段Quadome舰载监视与目标截获雷达。这种新型双模多任务监视雷达采用了最新的氮化镓AESA天线技术,是一种具有更长作战寿命且能经受未来验证的方案,能快速探测跟踪小型快/慢目标,实现可靠稳定的空情图和快速航迹起始。美国雷声技术公司2021年10月宣布推出了一种探测距离更远和探测高度更高的新型中程雷达"幽灵眼MR",即雷声公司为美国陆军开发的低层防空反导传感器(LTAMDS)"幽灵眼"的改进型。"幽灵眼MR"雷达充分利用了美国陆军最先进雷达的技术开发成果,将为美国及其盟国提供一种可应对各种威胁的高效传感器。法国泰雷兹公司于2021年11月推出了"地面主宰"系列雷达产品的最新成员"地面主宰400阿尔法"(GM400α)雷达。该型雷达是一种极优异的3D远程对空监视雷达,具有高机动性、高可用性、高更新率、易升级和无缝集成等诸多优点,其处理能力提高了5倍,探测距离扩大了10%,并采用先进的人工智能算法、增强的网络安全功能和最新的氮化镓技术,从而成为了远程对空监视市场上最为可靠的装备。

（二）针对隐身威胁的扩散，积极填补预警探测能力缺口

自 F-117 隐身战斗机出现以来，隐身技术已证明是躲避相关雷达系统最有效的方法之一。尤其对于以战斗机为代表的军用飞行器，隐身或低观测性技术已成为了标配。所有的新型战斗机在设计上都考虑到了隐身原理及技术，以降低其雷达信号特征，从而使隐身目标探测成为了各国预警探测领域长期以来的重点关注方向。俄罗斯国防出口公司在 2021 年 2 月举行的印度航展上推出了可探测各种当前和新兴低可观测性目标的 Prima 雷达。这款高机动性监视与截获雷达，工作在米波段，可在干扰和杂波环境下探测、跟踪、定位和识别包括隐身飞机在内的各种空中目标并进行敌我识别，此外还能测定干扰机的方位，并将雷达数据传送给用户的自动化指控系统。伊斯兰革命卫队 2021 年 5 月公开了其具备探测和打击隐身飞机能力的"圣城"（Quds）远程雷达系统。这种伊朗自研的新型雷达同样工作在米波段，据称能在干扰环境下探测到 F-35 战斗机等隐身飞机，自动执行目标跟踪与分类，并将雷达信息传送至综合控制系统。除米波反隐身雷达外，无源探测也是应对隐身目标的一种有效手段。根据 2021 年 7 月的报道，欧盟已选择萨博公司负责称为数字融合式无源探测（PADIC）的项目。该项目 2021 年末正式启动，旨在研究、设计、开发一种沿海雷达网络系统并进行原型试验，将考虑采用具有反隐身能力的雷达。在 2021 年 10 月举行的韩国首尔国际航空航天防务展上，德国亨索尔特公司展出了其 TwInvis 无源雷达的实时空情图。该系统可利用各个地点的多个辐射源，包括广播和电视信号的回波来探测目标，因而会使隐身技术失效，同样是一款有效可靠的反隐身装备。

（三）面向新兴无人机威胁，加快研发反无人机预警探测能力

当前，非传统的低慢小无人机威胁带来了严重的挑战，从而引起了军事、民事安全机构极大的担忧。随之而来的是，对强健可靠反小型无人机方案的需求越来越强烈。而传统防空系统可能无法探测、识别和防御某些具有潜在敌意的无人机，为此各个国家都在积极研制能探测无人机的新型装备保障各种反无人机系统。2021年2月，美国Numerica公司宣布开发出一款新型三坐标雷达解决方案——Spyglass近程监视雷达，以保障反无人机系统和其他近程防御任务。Spyglass雷达能探测、跟踪、精确测量小型自主无人机，可满足特定的反无人机探测与跟踪性能需求，支持设施安全、边境监视、护航与车辆保护、空域监视等一系列应用，并能无缝集成到分层防御系统中。2月，俄罗斯电子公司推出了一款称为"护身符"的机动式反无人机系统。该系统所采用的无源相干雷达Zashchita并不照射目标，而是采用外部第三方辐射源的发射信号，由于无源雷达无需获得使用射频通道的许可，从而更容易在公共环境中使用。2021年6月，DARPA表示已在美国空军埃格林空军基地验证了为"机动部队防护"项目开发的反无人机系统应对未经授权无人机的能力。该系统旨在保护可能经过人口稠密地区的高价值车队免受自主导航小型无人机的攻击，相关技术验证装备先采用新研发的X波段雷达自主感知与识别无人机威胁。DARPA目前正与美国军方开展合作，将"机动部队防护"项目中开发的技术转化为各种采购项目。2021年10月，法国泰勒斯公司推出了"地面观察员20"多任务（GO20MM）雷达，是一种可同时监视地面和低空目标（包括微型无人机）的新型雷达。该雷达采用三坐标AESA旋转天线，可探测数千米外的微型无人机，在极小的飞行目标转为威胁前便能探测和跟踪到它们。

二、在反导预警探测领域，积极发展新技术新概念，服役新装备，提升反导实战能力

2021年，美国导弹防御局和太空发展局分别提出导弹防御发展重点，引领反导预警探测系统发展；美国导弹防御局发布"创新科技"跨部门公告，识别并发展跨学科的创新概念与颠覆性技术；美国第5颗天基红外系统卫星、俄罗斯第5颗"统一空间系统"卫星和新型"叶尼塞"雷达服役，跨国反导协同试验成功开展，推动反导实战能力不断提升。

（一）美国导弹防御局和太空发展局提出导弹防御体系架构，引领反导预警探测系统发展

2021年2月，美国导弹防御局局长乔恩·希尔在第23届"太空和导弹防御年会"上透露美国导弹面临的主要威胁、应对措施、工作思路和2021年重点工作，指出面临的主要威胁是弹道导弹和高超声速导弹，分层的国土防御将成为美国导弹防御的发展重点，指出应利用天基传感器为美国导弹防御赋能。2021年美国导弹防御局重点工作包括高超声速与弹道目标跟踪天基传感器系统"开发，"远程识别雷达"形成初始作战能力，"夏威夷国土防御雷达"（HDR-H）建设，"指挥控制与作战管理系统"能力升级，波兰陆基"宙斯盾"阵地建设完成，"萨德"和"爱国者"系统集成和试验，以及向日本出售陆基"宙斯盾"等。5月28日，拜登政府向国会提交的2022财年国防预算申请中，导弹防御预算204亿美元，开发"天基杀伤评估"（SKA）系统、"高超声速与弹道目标跟踪天基传感器系统"（HBTSS）。8月10日至12日，美国太空发展局在2021年度太空和导弹防御年会上发布"下一代太空体系架构"，提出0~5级能力发展路线图，建设跟踪层、

监视层、传输层、导航层、作战管理层 5 层系统，实现综合天基感知、实时全球链接、无所不知的指挥控制。

（二）开发新技术新手段，为反导探测能力提升提供动力

3 月 30 日，美国导弹防御局发布"创新科技"跨部门公告，识别并发展跨学科的创新概念与颠覆性技术，包括高效 T/R 组件、能够承受高超声速环境的射频孔径、传感器资源管理、目标表征与识别、低信噪比环境的目标探测、机器学习信号处理与计算智能等，促进导弹防御规划、探测、识别、跟踪、交战、评估各环节取得进步。5 月 12 日，美国太空军司令约翰·雷德蒙在"2022 财年国防计划"会议上表示，将发展太空领域的先进能力，包括生存能力更强的导弹预警架构。5 月 28 日，拜登政府向国会提交的 2022 财年国防预算申请中，为雷达系统升级申请拨款，包括完成 SKA 系统杀伤评估软件代码的开发，工作接口的集成，将 SKA 能力集成到指挥控制作战管理与通信（C^2BMC）中；开发 HBTSS 跟踪算法；开发新型远程识别雷达（LRDR）建模仿真软件，改进软件的导弹跟踪、识别能力，以及空间情报数据采集能力等；为 LRDR 开发建模仿真系统，改进导弹跟踪、识别能力。美国陆军在 2021 年度太空和导弹防御年会上，针对未来防空反导需求和能力不足，提出 2035 年前防空反导重点发展的新兴技术，如数字孪生、机器自主等，为反导探测技术提供新手段。诺格公司 8 月 18 日宣布在美国亨茨维尔成立导弹防御未来实验室（MDFL），采用全面建模、仿真和可视化技术，以促进开发人员和作战人员之间的创新和协作。欧洲议会研究所 2021 年 8 月发布《塑造 2040 战场的创新技术》报告，指出天基导弹跟踪传感器将成为助力 2040 年作战的核心技术。美国导弹防御局 8 月 12 日表示，正在寻求将人工智能深入分析美军导弹试验产生的大量数据，包括目标探测、跟踪与识别。日本防卫省 6 月 18 日宣布，将为 2 艘计划建造的

"宙斯盾"舰配备洛克希德·马丁公司研制的AN/SPY-7固态雷达,以及"宙斯盾"基线7弹道导弹防御系统,AN/SPY-7雷达与雷声公司研制的AN/SPY-6雷达相比,更具性能和成本优势,更适合应对"高飞轨道"导弹目标和饱和式导弹攻击。

(三)重点装备交付和拦截试验顺利开展,反导预警探测能力显著提升

美天基红外系统(SBIRS)第5颗地球同步轨道预警卫星2021年5月18日发射,经过6个月的在轨测试后,太空与导弹系统中心将其移交美国太空部队正式在轨工作,SBIRS预警系统将取代2011年发射的第一颗SBIRS地球同步轨道卫星。6月5日,美国海军首艘"阿利·伯克"Flight Ⅲ型驱逐舰完成下水实验,搭载AN/SPY-6型有源相控阵雷达,可显著增强"宙斯盾"舰艇防空反导能力。7月22日,俄罗斯S-500防空导弹系统在卡普斯京亚尔靶场成功完成实弹试射,成功拦截高速弹道目标。2021年5月,俄罗斯新型"叶尼塞"(Yenisei)雷达服役。该雷达是一种全数字化有源相控阵雷达,包括了主雷达和无源定位器两部分,具有主动探测与被动侦测功能,主雷达探测距离600千米、高度100千米,在扇区扫描模式下可以跟踪弹道导弹,并向S-400/S-500系统的火控雷达传送目指信息;无源定位器与主雷达长距离分置,可有效应对敌方对主雷达的干扰,且敌方干扰强度越大,无源定位精度越高。11月25日,发射第5颗"统一空间系统"EKS,EKS卫星星座轨道38500×160千米,倾角63.5°,预计2024年前完成6颗入轨。北约在2021年5月下旬举行的"海上演示/强大盾牌2021"演习中,美国海军"阿利伯克"级导弹驱逐舰DDG 117根据荷兰皇家海军驱逐舰F802"SMART-L MM/N"雷达提供的预警信息和弹道轨迹,制定出发射"标准"-3 Block IA导弹并摧毁威胁的拦截方案,发射两枚"标准"-3导弹,成功拦截了从赫布里底群岛发射的弹道导弹靶弹,验证了美国反导系统与盟友系统之间的互操作性。

三、在反临预警探测领域，积极探索新手段，构建反临预警探测体系

（一）发布高超声速防御作战构想，牵引反临装备技术开发

美国导弹防御局2021年2月在第23届"太空和导弹防御年会"上，提出末段防御、末段+滑翔段防御、末段+再入滑翔段防御三型高超声速分层防御方案，指出应利用天基传感器为美国导弹防御赋能。6月16日，美国导弹防御局发布高超声速防御作战构想，展示未来高超声速防御的4种作战模式：滑翔段拦截–远程交战模式、滑翔段拦截–远程发射模式、滑翔段拦截–协同交战模式、末段拦截–协同交战模式。作战场景是，对手发射高超声速滑翔武器，HBTSS探测威胁，全程跟踪，并将数据持续传输给天基持续红外架构（BOA）；BOA创建高超声速滑翔武器的飞行轨迹；"宙斯盾"逐舰通过太空卫星通信，接收从BOA和C^2BMC中继的HBTSS威胁跟踪数据，进行作战规划，实施拦截作战。5月28日，拜登政府向国会提交的2022财年国防预算申请披露，将开发未来高超声速防御的颠覆性技术，升级C^2BMC系统以支持高超声速防御，加速实施"宙斯盾"系统对高超声速威胁滑翔段防御能力的开发和作战验证。

（二）HBTSS导弹预警卫星通过关键设计审查，低轨反临探测取得积极进展

5月11日，美国导弹防御局宣布未来几年两颗STSS卫星即将脱轨，重点发展HBTSS项目。2021年11月10日诺斯罗普·格鲁曼公司宣布，HBTSS高超声速导弹预警卫星通过关键设计审查，该卫星预计2023年发

射。美国导弹防御局在 2021 年 1 月选择诺斯罗普·格鲁曼公司和 L3 Harris 公司研制 HBTSS 预警卫星,美国导弹防御局认可了从近地轨道发现和跟踪弹道和高超导弹的技术途径,诺斯罗普·格鲁曼公司交付原型机以后,将开展在轨试验,演示跟踪高超武器的能力、数据处理能力、为拦截器提供指挥信息的能力。

(三)提出中轨道反临、过顶持久红外反临等新手段,增强反临探测效能

美国太空与导弹系统中心 7 月 1 日披露,为提高导弹预警和跟踪的准确性和弹性,美国太空军正在考虑在中地球轨道(MEO)上部署导弹预警和跟踪卫星。美国国防部当前的导弹预警卫星星座位于地球同步轨道和极地轨道,这些卫星难以捕捉高超声速导弹信号。美国太空发展局(SDA)3 月 11 日提出,希望改进过顶持久红外传感器的自动目标识别算法,识别高超声速滑翔飞行器、巡航导弹和机动再入飞行器等高速目标;SDA 于 3 月 10 日面向小企业发布了复杂环境下的目标识别与捕获(TRACE)项目征询通告,在未来 4 年内将这种新能力整合到作战系统中,项目成果会应用在计划于 2026 年末发射的 SDA 跟踪层 2 期卫星上。俄罗斯部署在北极地区的第 3 座"共振"－N 雷达站 2021 年 6 月投入运行,与北极执行战备值班任务的前两座"共振"－N 雷达站(阿尔汉格尔斯克州的绍伊纳和印迪加)组网。"共振"－N 是一款先进的米波三坐标多功能自适应相参雷达,工作频段为 35～70 兆赫,利用空中目标对无线电波的共振反射物理原理,显著增加目标雷达散射截面积。"共振"－N 在高空弹道目标探测与跟踪模式下探测距离 1200 千米,探测高度 100 千米,同时目标跟踪数量达 500 个。

四、在太空监视领域,重视装备研发部署,提高太空监视能力

由于太空碎片会与航天器发生碰撞,已严重威胁到了卫星与太空任务,另外较大的碎片再入大气过程中,与大气层摩擦时不可能完全气化,也有落入居民区的可能,因而也绝不能忽视。鉴于太空碎片带来的这些风险,全球各国已经行动起来,纷纷建立太空监视计划和确定所谓的减缓过程。美国由于掌握了全球最大规模的太空监视网(SSN),因而拥有最全面的太空监视信息源。除美国以外,俄罗斯、日本和欧洲等也已启动了一些太空监视项目,致力于解决这一航天安全挑战。

(一)规划部署太空监视新装备,全面提升全球太空监视能力

为补充加强全球太空监视网络,应对日益恶化的全球太空环境,一些兴建新型太空监视装备的计划纷纷提上了日程。为提高地球轨道目标感知能力,瑞典萨博公司2021年1月提出与加拿大航天企业合作在加拿大开发一种太空监视雷达。萨博公司利用了在全球多种平台上服役的萨博公司军用雷达技术已建成了一部萨博雷达验证设备,并以其作为与加拿大企业联合开发太空监视雷达的基础。2021年8月,俄罗斯远程无线电通信科学研究所推出了一种可确保卫星安全发射和在轨运行的太空测量雷达系统。该系统可自动跟踪运载火箭从航天港发射到将卫星送入指定轨道的整个过程,将火箭的废弃部件与在轨卫星区分开来,以便进一步实施监测。这种新型雷达设计用于监测低地轨道,可自动探测、跟踪和测量合作和非合作目标,从而有助于及时应对轨道紧急情况,尽量减少卫星在低地轨道运行的风险。美国低轨实验室公司于2021年6月和10月宣布,将分别在欧洲亚速尔群岛和西澳大利亚各建造两座相控阵雷达以扩大其全球太空监视网络。这些新

雷达投入运行后将提高该公司对卫星和轨道碎片的观测频率，进而带来更准确的数据，提高其评估潜在碰撞的能力。低轨实验室公司目前跟踪约 1.7 万个低轨目标，随着其太空雷达网络不断扩大，该公司计划能跟踪 25 万个目标。

（二）研发下一代太空监视技术，加强应对太空环境挑战

随着巨型卫星星座的逐步兴起，太空商业发射活动日渐频繁，太空环境形势日益严峻，一些国家和机构计划通过开发下一代太空监视技术来加强应对太空安全挑战。韩国将在未来 5 年内投资 450 亿韩元（4100 万美元）开发能跟踪和监视太空目标的新型激光技术。韩国国防工业技术中心已于 2021 年 1 月召集韩国装备采购机构、军方和韩华系统公司举行了会议，审查了详细的开发计划。韩华系统公司将领导这一研究项目，包括韩国天文学与太空科学研究所在内的许多机构和学校都将加入该项目。韩国政府将在 2025 年前一直监督该项目的实施。基于该项目开发的新技术，韩国军方将能建立一个独立的卫星监测与太空监视激光系统。2021 年 7 月，欧盟委员会选定阿丽亚娜公司负责外太空态势先进应用与侦察传感器（SAURON）项目。该项目旨在开发创新型传感器来表征和识别在轨卫星。阿丽亚娜公司将在该项目下协调来自 9 个国家的 24 个合作伙伴组成的团队。该公司将利用其架构和光学设计经验，开发欧洲全球表征网络，以及激光与成像传感器。一项涉及所开发的各种传感器的联合测试活动计划于 2023 年底举行。另据 2021 年 10 月的报道称，日本防卫省正考虑建造一艘无人太空巡逻船，以监视其他国家的太空活动并修复日本卫星。该项目将作为日本太空态势感知能力建设的一部分，总计 1 亿日元的相关研究费用已包含在日本防卫省 2022 财年预算申请中。

（三）多种途径强化深空探测能力，保障地球同步轨道资产安全

地球同步轨道监视能力一直是太空监视的重大缺口，传统地基雷达主要用于中低地轨目标探测，高轨探测能力严重不足；而光学望远镜只能在夜间运行，并受天气条件的影响，观测目标的时间窗较短，无法及时有效地掌握高轨目标的状况。为此，美国正力求从地基、天基两方面入手解决这一监视挑战难题。2021年7月的报道称，美国太空军计划在英国部署一部雷达系统以监控距地球约36000千米的航天器，该项目已获得了英国皇家空军的批准。这一称为深空先进雷达能力（DARC）项目由美国太空军太空与导弹系统中心负责开发。该系统将由16部直径约15米的大型碟形天线组成，占地约1千米^2。另外，在美国得克萨斯州和澳大利亚也将各部署一座DARC雷达站，建设3座站点将耗资约10亿美元。这些新型深空雷达传感器比现役雷达和光学传感器更具优势，将具有更大的雷达功率，能全天时全天候探测地球同步轨道。2021年11月，根据美国空军研究实验室（AFRL）的太空态势感知微卫星平台项目，蓝色峡谷技术公司获得了一份价值1460万美元的合同，将在2023年初完成开发与验证一颗可在地球同步轨道以外运行的微卫星。这颗卫星将搭载各类有效载荷在深空轨道上活动运行达3年。上述活动反映出了美国国防部计划通过地基深空探测雷达和天基深空态势感知卫星来不断强化其深空监视能力的战略意图。

（中国电子科技集团第十四研究所　韩长喜）

（中国电子科技集团第三十八研究所　吴永亮）

2021 年定位导航授时技术发展综述

2021 年,"导航战""抗干扰"和"可替代导航"成为定位导航与授时(PNT)领域的关注热点。美国针对 2019 年《定位导航与授时体系战略》提出的全球、区域和局域三层综合 PNT 体系应用构想,战略规划上积极布局,技术发展上不断创新,并持续开展应用试验,继续保持技术领先地位。同时,俄罗斯、欧洲等在发展自身卫星导航系统的基础上,积极推进可替代导航技术和干扰技术,以支撑其 PNT 体系发展和对抗。

一、以战略规划引领和强调导航战的发展布局

国家层面上,2021 年 1 月,美国白宫发布新版"美国天基定位导航与授时政策"太空政策 7 号令,在 2004 版的基础上纳入了导航战、网络安全、频谱应用以及使用国外天基 PNT 服务等相关规定,旨在保持其在提供服务和负责任地使用包括 GPS 及国外系统在内的全球导航卫星系统上的领导地位。7 月,欧盟提出了"基于弹性天基 PNT 和卫星通信的导航战态势感知计划",旨在通过精密测绘和威胁分析,实现竞争环境中的互操作性和弹性

的军事卫星通信，提高欧盟导航战能力。结合计划，欧盟防务基金项目发布了《陆基和空基导航战监视》征求书，对导航战未来的活动和功能需求进行了描述，并针对导航战相关技术进行研究。

军种层面上，陆军方面，2021年3月，美国陆军可信的定位导航与授时（Assured Positioning, Navigation and Timing，A-PNT）/太空跨职能小组通过了《导航战态势感知（NAVWAR-SA）能力发展简略文件》。该文件为构建NAVWAR-SA能力提供了试验和快速原型设计途径。NAVWAR-SA可增强作战人员获取实时可靠PNT态势感知的能力，并支持部队远程精确火力和大规模地面作战行动。8月，陆军发布的修订版《陆军电子战和网络空间战》中明确指出，态势感知、A-PNT和导航战攻击是成功实施导航战的有效方式，陆军导航战能力和效果可有效支持多域作战以及动态攻击。太空军方面，美国太空军于6月发布新版"联合导航战中心"文件，明确了"联合导航战中心"在太空军的地位，其作为国防部派出的联合部门，使用国防部固有的联合规程工作，具体包括三项职责：一是建立PNT优势并提供导航战信息；二是实现PNT优势；三是建立PNT优势制度化。

技术发展层面上，2021年5月10日，美国政府问责局（GAO）发布《国防导航能力技术评估》报告，针对GPS面临的潜在故障、敌方施加的干扰欺骗的风险，对国防部（DOD）正在进行的可替代PNT技术从发展、集成、面临的挑战等方面进行了全面评估。报告指出，决策者"可以选用最具弹性的PNT技术作为军事应用的基石，而不是以GPS作为首选应用。"

二、全球卫星导航技术部署日趋完善，并推动装备应用和可替代导航技术发展

从全球卫星导航技术发展来看，美国着重发展基于M码的GPS可信

PNT 信息传输，为此完成了 GPS 卫星的全运行能力部署，并同步开展了 M 码用户设备的部署和应用；俄罗斯和欧洲则以现有卫星系统的升级为基础，并开展可替代导航技术和设备的应用和部署。

（一）美国完善基于 M 码的 GPS 卫星的部署和用户端设备应用

空间段上，2021 年 6 月 17 日，第 5 颗 GPS Ⅲ卫星成功发射，标志着美军 24 颗全运行能力的 M 码卫星部署完毕，已具备全 M 码信号广播能力。地面段上，目前正在进行相关升级工作，尚不具备完全控制在轨 M 码卫星的能力。用户端上，1 月，美国政府问责局发布《GPS 现代化——美国国防部持续发展新型抗干扰能力》报告，对 M 码用户设备现状及存在问题进行了梳理，并明确了后续研制工作，预计将于 2028 年前投入全面应用。在 M 码装备研制方面，5 月和 11 月，BAE 系统公司先后从美国国防后勤局获得总价值 6.41 亿美元的先进 M 码通用 GPS 模块（CGM）生产合同，在竞争环境下为地面部队、车辆、飞机和精确制导弹药提供可靠安全的 PNT 数据。9 月，柯林斯航空航天公司发布了全球首款 M 码军用水下导航系统（MUNS‒M），可为作战人员在执行危险、复杂的水下任务时提供精确定位和安全抗干扰能力。5 月，美国陆军授予诺斯罗普·格鲁曼公司一份价值 1.677 亿美元的合同，通过更换 GPS 精确制导套件大幅提高老旧炮弹打击能力，填补 GPS 制导智能弹药的空白。

此外，6 月，"导航技术卫星"‒3（NTS‒3）项目首颗卫星平台正式交付，进入卫星集成阶段，达到项目研制关键节点。NTS‒3 卫星将验证区域覆盖可控波束、实现在轨更新的可重编程软件定义有效载荷等先进技术，有望提高 GPS Ⅲ F 卫星的能力。

（二）俄罗斯计划部署新一代 GLONASS‒K2 卫星，同时推进"格罗纳斯"替代卫星系统的研制

2021 年 9 月，俄罗斯第一颗 GLONASS‒K2 卫星制造完毕，并计划发射入轨。新的 GLONASS-K2 卫星将发射 9 个导航信号,在所有"格罗纳斯"频段(L1、L2 和 L3)同时广播 FDMA 信号和 CDMA 信号,并将有效提高北极地区导航精度。9 月,俄罗斯推进"领事"定位系统(Consul)的研制工作,主要目标是弥补现有系统的抗干扰能力低、在城市峡谷和其他恶劣条件下不可用等弱点。

(三)欧洲启动第二代"伽利略"卫星评估工作和未来卫星关键技术的验证工作

2021 年 8 月,空客防务与航天公司和泰利斯阿莱尼亚航天公司使用其设计的新型"伽利略"导航有效载荷试验平台(GPLTB)对第二代"伽利略"卫星(G2)的导航有效载荷进行评估,旨在验证相关设计理念,预测技术问题和评估性能,以提高 G2 卫星导航有效载荷的生产效率。

2021 年 2 月,德国航空航天中心和空中客车公司签署了一份价值 1680 万欧元的合同,首次对开普勒(Kepler)卫星系统的光钟进行在轨验证。开普勒卫星导航系统是基于德国通信导航研究所 2014 年光学通信模型设计发展,计划发射新的低轨道地球卫星,以及采用一个地面站和多个时间同步系统,应用先进的星间光学通信、精确轨道测定以及光学原子钟技术,构建面向未来的新型卫星导航系统。其代表了欧洲"伽利略"系统的一个发展方向。

三、发展多种导航源的技术,完善全源定位导航系统架构

从区域/局域导航技术发展来看,美国着眼于多个独立导航源的协同共用,开展全源定位导航架构研究和部署应用;并针对大范围导航定位的作战需求,推进陆基超远程导航技术和陆基远程导航技术的应用发展,补充

卫星导航信号弱的短板。

（一）全源定位导航技术：美国空军完成全源定位导航技术和原型系统测试

2021年4月，美国空军在科罗拉多州森特尼尔空军基地成功完成了敏捷吊舱在GPS拒止环境下与基于"机会信号"的全源定位导航技术的集成飞行试验，并完成了与T-38喷气式飞机的适配性测试。美国空军拟通过开放软件体系架构与视觉导航、机会信号和磁异常导航等PNT技术的集成飞行试验，探索GPS拒止环境下的新型精确导航和授时的理念和应用。11月1日至10日，美国空军完成了PNT敏捷吊舱原型系统飞行试验，实现了三项重要试验目标：一是首次高动态范围平台集成试验；二是基于全远程接口及可替代PNT数据传输；三是基于陆上/水上能力转换演示。该系统将支撑空军对鲁棒PNT和导航战以及基于弹性无人机系统导航的空战指挥的需求。

（二）陆基远程导航技术：美国持续开展增强"罗兰"导航系统的应用研究

据"2021联合导航会议"（JNC）资料显示，美国海军资助五月花公司开发基于eLoran的可替代PNT系统（APEL）。该系统集成了惯性测量单元（IMU）、芯片级原子钟（CSAC）、军用GPS接收机和eLoran接收机，可在GPS受到干扰和欺骗时提供可靠和准确的PNT服务。目前测试结果表明，APEL系统能够通过eLoran接收机提供的精确时间完成M码的直捕。

12月，基于降低对易受干扰的天基信号的依赖，UrsaNav公司通过将eLoran技术与Locata公司的高精度局域locata技术相结合，联合设计了一种可靠的弹性PNT解决方案。eLoran提供纳秒级授时、米级定位和短消息服务；Locata提供厘米级定位和皮秒级授时服务。后续将结合应用相关技术，开发弹性、可控、灵活的国家级陆基定位和授时系统，以满足远距骨干网和局域高精度关键基础设施的需求。

（三）陆基超远程导航技术：美国海军发布甚低频导航定位技术征集提案

2021 年 1 月，美国海军部通过小企业研究计划（SBIR）为"采用 VLF 信号的导航定位源"征集提案，寻求推动甚低频导航技术的成熟创新技术，以支持美国海军舰载平台的导航弹性。该项技术是基于"竞争环境中的空间、时间和方位信息"项目（STOIC）的研究成果，聚焦两项研究主题：处理甚低频信号的改进型接收机和信号提取算法。潜在应用领域包括采矿、航空、勘探、农业、海洋和娱乐等商业领域的导航和定位，以及包括水面、潜艇和空中导航在内的多种军用海上任务。

四、以补足 PNT 体系短板为目标开展多种导航新技术研究

针对卫星导航的短板，美军通过低轨卫星技术、智能数据处理技术和极地导航技术等专项研究，对卫星导航的功能和服务进行补充，不断完善 PNT 体系。

（一）DARPA 开展基于软件定义的 PNT 载荷的研发工作

2021 年 9 月，DARPA 基于"黑杰克"项目启动了基于软件定义的 PNT 载荷的第二阶段研发工作。拟开发的 PNT 载荷将采用诺斯罗普·格鲁曼公司的可重构 GNSS 嵌入架构的导航与授时软件，在不依赖现有卫星导航系统的情况下，为军事用户提供低轨卫星的灵活信号。

（二）美国空军启动基于人工智能的认知定位导航与授时原型系统的研制工作

2021 年 9 月，美国空军向 KBR 公司授出"隐形与认知敏捷导航系统"

（SCANS）项目合同，旨在设计一种基于 GPS 拒止环境的先进可替代的 PNT 原型系统，基于人工智能、机器学习和新一代认知计算技术，利用惯性导航陀螺仪和航位推算来设计新型实时导航方法，并通过关键 PNT 自动化处理提高处理速度以实现精确授时。该项目将支持如专家系统、神经网络、机器人和认知电子战系统等认知应用。

（三）美国海军和陆军资助用于北极的可替代导航技术研究

2021 年 9 月，美国全球海军研究办公室与陆军发展司令部共同主办了第二届年度 Global–X 挑战赛，以解决 GPS 在高纬度地区（极地）的定位问题。日本、英国、美国和芬兰组成研究团队，创新性地使用 μ 介子辐射源取代 GPS 卫星信号，展示一种与 GPS 精度相当、用于北极的可替代导航系统的概念验证。

五、以导航战概念为核心，开展基于联合作战的系统作战试验以及装备验证试验

系统级作战试验方面，美、俄等国基于导航战和体系对抗思想，通过现有导航设备参与系统作战试验和演习，以干扰和抗干扰技术的应用为实施途径，为联合作战提供 PNT 服务支撑；在装备级作战试验方面，美、英等国针对军种具体的作战任务，开展基于 PNT 可信信息传输和应用的多层次试验，验证了不同平台的装备应用能力。

（一）系统级作战试验

1. 美军组织 GPS 综合试验和干扰试验

美军于 2021 年全年进行了 GPS 综合试验、GPS 干扰试验计 35 次，涉及美国国防部、陆军、海军、空军、海军陆战队、太空军（包括联合导航战

中心)。试验基地包括白沙导弹靶场、内华达州试验和训练场、海军军港、空军和陆军航空兵军用机场,另外还有第四航母打击群组织的两次离岸试验,主要科目包括接口适配、编队相对定位、空海平台定位信息传输、设备干扰和抗干扰技术应用、备份GPS源应用等。针对系统测试和设计,通过在军事演习期间创造模拟实战环境,美国国防部和相关各军兵种近些年已经多次组织实施GPS干扰试验,以验证其平台在GPS受干扰环境下导航定位和使用武器装备的能力。

2. 俄军组织卫星导航信息支持能力和干扰能力演习

2021年9月10日至16日,俄罗斯和白俄罗斯武装部队进行了2021年度Zapad大规模军事演习。9月11日,俄罗斯西部军区的侦察部队在穆里诺训练基地针对敌方模拟目标演练无人机空中连续侦察以及"格罗纳斯"卫星的持续定位任务,以支持和掩护火力部队。9月16日,波罗的海舰队第841电子战中心进行了电子战演习,以干扰敌人的导航和无线电通信,对抗竞争对手可能实施的导航战行动。可以看出,目前,俄罗斯已经充分具备利用卫星信息进行战场支持和保障的能力,并针对竞争对手有了较为完备的干扰策略和有效的作战方式。

(二)装备级作战试验

1. 美国陆军完成A–PNT系统的装备测试

2021年9月,美国陆军完成了"车下A–PNT"系统(DAPS)执行侦察和火力任务的能力和适应性实战测试。DAPS可帮助作战人员在GPS性能降级环境中实施射击、机动和通信,并作为M码GPS合规性战略的组成部分,支撑"PNT体系架构(PNTA)A–PNT地面作战域"形成作战能力。10月,美国陆军第4步兵师第1斯特瑞特旅战斗队在"2021年度PNT评估演习"(PNTAX 21)中测试了下一代"车载A–PNT"系统(MAPS),验证了作战人员能够在 GPS 竞争环境中保持位置完好性和授时能力。新型 MAPS 将集成到陆军轮式和履带式平台上，可支持指挥控制并有效缓解电子战攻击。

2. 美国海军和海军陆战队完成联合精密进近着舰/着陆系统作战试验

2021 年 5 月，美国海军宣布联合精密进近着舰系统（JPALS）具备初始作战能力，可支持海军的全球航空作战。基于 GPS 的 JPALS 可与舰载空中交通管制系统结合应用，在全天候海面条件下引导固定翼战术舰载机在核航空母舰和两栖攻击舰上实现精密进近和着舰，未来将支持 F–35C 以及 MQ–25A"黄貂鱼"舰载机。7 月，雷声公司在尤马航空站进行了远征联合精密进近和着陆系统（eJPALS）的能力验证，结果显示，装备 eJPALS 的飞机可实现直线进近、垂直着陆、远距离着陆等功能。作为陆基 JPALS 系统，eJPALS 可为包括 F–35 战机在内的适装机型提供严苛环境下的辅助着陆服务。

3. 美国海军陆战队完成基于联合轻型战术车的 GPS M 码测试

2021 年 8 月至 9 月，美国海军信息战中心（NIWC）大西洋分部在白沙导弹靶场对海军陆战队联合轻型战术车（JLTV）多个车载 M 码接收机板卡性能进行了用户评估（FUE）试验。本次试验在 JLTV 上安装和集成了所有关键设备和技术，验证了 M 码板卡生成的信息以及受限环境中 PNT 服务的可靠性。

4. 英国陆军完成"轻龙骑兵"A–PNT 技术抗干扰试验

2021 年 5 月，英国陆军"轻龙骑兵"对 A–PNT 进行测试，以验证陆军轻骑兵团在电子战环境中的抗干扰能力。测试结果显示，GPS 抗干扰天线成功抵御了 GPS L1 和 L2 以及 Galileo E1 频率的干扰，对车载定位系统提供了保护。

六、总结

从 2021 年 PNT 领域的发展状况来看，美国按照全球、区域和局域三层级综合 PNT 体系应用构想，重视战略规划引领和强调导航战发展布局；发展卫星导航系统、区域/局域导航系统和完善 PNT 体系；并基于军种任务和体系短板，进行多层次多手段的技术应用；同时基于导航战体系对抗的实施，开展基于联合作战的系统作战试验以及装备验证试验，使得基于 PNT 体系的导航战框架和应用逐步实现。俄罗斯、欧洲等竞争对手则以完善系统体系和应用为主，开展相关可替代技术研究，实现体系对抗层面的适应性发展。

（中国电子科技集团第二十研究所 魏艳艳）

重要专题分析

美军"联合全域指挥控制"从概念走向应用

美军 2019 年提出联合全域指挥控制概念,目标是集成各军种、各战域的作战能力,构建有机融合、柔性灵活、智能协同的作战体系,提高从传感器到射手的杀伤效能。美军用"优步"共享打车服务来类比联合全域指挥控制的目标状态,就像"优步"根据接送距离、运营时间、乘客数量等要素给出乘客与司机的最佳匹配一样,联合全域指挥控制将为作战人员提供一个类似的云环境,利用大数据分析、智能算法等生成杀伤链各个节点的最佳组合。

自提出以来,美军从组织管理、作战条令、系统研制、技术开发和演示试验等各个层面积极推进联合全域指挥控制发展并取得多项突破。2021年,美国国防部接连制定《联合全域指挥控制战略》及其实施计划,"先进战斗管理系统""会聚工程"等取得重要进展,标志着联合全域指挥控制从概念开发和技术测试进入实际应用阶段。

一、概念内涵

联合全域指挥控制由美军联合参谋部指挥、控制、通信、计算机和网络部门（J-6）提出，旨在建立一个基于云的战场物联网，运用人工智能技术，以远远超出目前所能达到的速度和精度，实现传感器、通信网络、指挥决策系统和武器平台的融合，确保针对威胁做出最有效、最致命的响应，在竞争和冲突中夺取信息优势。核心理念是使用"全新架构、成熟技术"，连接"每一个传感器，每一个射手"，构建面向无人化智能化作战的"网络之网络"，是美军指挥控制乃至整个作战体系的一次巨大飞跃。

联合全域指挥控制的本质是基于大量在空间离散分布的异构作战装备，基于任务需求及实时战场态势，快速动态实时构建多冗余高鲁棒的"杀伤网"，破坏敌方决策环境，导致敌方陷入决策困境，降低敌方的对抗效能，进而提升己方任务效能。其制胜的核心机理在于：从兵力基础来看，通过大力发展小型化、软件定义功能、中低成本、互操作性好的无人装备，增加任务过程中可部署的节点密度；从作战流程来看，通过智能化辅助决策与自主控制技术，针对动态变化的战场态势，自主实时生成/重构多条杀伤链路，构建多冗余高鲁棒的杀伤网降低敌方的对抗效能；从战术战法来看，多点同步开展行动，通过对敌方系统的大量节点的广度攻击，导致敌方防御能力超负荷，提升己方行动效能。

二、发展动向

美国国防部2019年组建跨职能团队统筹推进联合全域指挥控制发展，各军种设立专门的支撑计划，开展大规模先期技术研发和联合作战演示试验。在国防部高层强力推进与各军种通力配合下，联合全域指挥控制进展超乎预期。

（一）美国国防部制定战略及实施计划

2021年5月，美国国防部长奥斯汀签署《联合全域指挥控制战略》；9月，国防部制定该战略实施计划（两份文件均未全文公开）。战略重点关注数据、人才、技术、核指控等问题，强调持续快速集成人工智能、机器学习、预测分析和其他新兴技术，要求通过联合全域指挥控制试验破除供应商专有技术壁垒，提出了联合全域指挥控制工作路线图及实现方法。实施计划列举了为实现联合全域指挥控制所需的七种可行技术方案，包括零信任网络安全架构、云技术、DevSecOps软件开发环境、高效传输层、身份凭证与访问管理、"突击破坏者Ⅱ"（一种对抗"反介入/区域拒止"能力的工具）以及"任务伙伴环境"（一种允许美军和盟国共享信息的通用平台）。

（二）美军各军种开展先导研究和探索计划

1. 美国空军"先进战斗管理系统"进入能力交付阶段

"先进战斗管理系统"是联合全域指挥控制先导项目，旨在构建分布式作战系统族，通过韧性通信网络连接陆海空天网的有人、无人作战单元，获取并融合各种传感器数据，为联合作战部队提供更有效的作战管理与指挥控制。2021年2月、7月，"先进战斗管理系统"成功完成第四轮、第五轮作战试验。第四轮试验由美国驻欧空军司令部主导，试验中"先进战斗管理系统"连接美国多军种、多域作战单元构建了高效杀伤网，并首次纳入英国等盟国军事力量。该杀伤网融合P-8A巡逻机的情报搜集能力、"星链"低轨星座的卫星通信能力以及C-17运输机、KC-135加油机的作战支援能力，连接美国空军第603航空作战中心等指挥中心，由F-15战斗机发射"联合空地防区外导弹"成功击中目标。第五轮试验范围涵盖所有11个作战司令部以及联合人工智能中心等机构，主要演示集成任务架构的应用，通过DARPA开发的"缝合"技术实现态势感知系统、异构数据链的融合集成，并进一步验证了商业通信、边缘计算与存储、智能化辅助决策等技术的运用效能。2021年5月，美国空军表示将改革"先进战斗管理系统"发展模式，推动其从技术开发试验进入装备采办与作战能力交付阶段，计划2022年部署首批相关装备，其中包括在KC-46加油机上部署采用"同一网关"技术的新型通信吊舱，使其成为F-35A和F-22战斗机之间的通信中继节点。

2. 美国陆军"会聚工程"快速推进能力演示试验

美国陆军2020年启动"会聚工程"，旨在通过一年一度的跨域融合演习活动，试验支撑联合全域指挥控制的系统装备、赋能技术及相关战法，利用下一代人工智能、韧性网络、先进软件和自主无人系统等构建起一种更加高效且成本更低的战场网络，连接各战域作战资源，提高杀伤链效率。2021年10月，美国陆军开展"会聚工程2021"外场演习，围绕联合全域态势感知、人工智能赋能侦察感知等七大作战场景进行了演习实验，验证了基于云的网络体系、自主目标探测识别、智能化战场态势生成与理解等能力。此次演习试验了"数据织构"（Data Fabric）技术，以测试其整合不同系统的大量信息源和数据格式的能力。该技术通过具备开放标准的公共接口和服务对不同的数据进行层叠，使不同系统实现信息共享，无需定制数据翻译器，从而提高系统间互操作性，并使指挥官能够在适当的时间获取相关数据，掌握决策优势。此外，该技术可扩充用于人工智能和机器学习功能的数据池，促进智能算法训练，提升相关技术可靠性。"数据织构"技术由陆军指挥控制、通信、计算、网络、情报、监视与侦察（C^5ISR）中心的"造雨者"（Rainmaker）项目研发，预计于2023年完成研发并开始部署。

3. 美国海军通过"超越计划"开发部署新型作战架构

美国海军 2020 年 10 月启动"超越计划",旨在开发先进通信网络、基础设施、数据架构、分析工具等,支撑实现分布式海上作战和联合全域指挥控制。2021 年 1 月,美国海军宣布通过"超越计划"开发新型"海军作战架构",将于 2023 年部署至"西奥多·罗斯福"号航空母舰打击群开展作战试验。美国海军近年着力发展的分布式海上作战概念与联合全域指挥控制的基本思想是一致的,即综合运用广泛分布在战区内不同地域、不同作战域、不同平台上的战力,遂行对海打击,形成和维持制海能力。在该概念牵引下,美国海军已经在推进"海军综合防空火控系统""统一海上网络与体系服务"等升级,将舰船、潜艇、飞机和卫星等要素连接构成分布式网络,将传感器和射手高效连接,实现军种内不同武器平台之间的协同。面向联合全域指挥控制的更高要求,美国海军一方面对这些系统继续升级完善,另一方面积极寻求跨军种、多战域的融合。

三、分析研判

综合研判,联合全域指挥控制将会是美军近年来提出的军种思想最统一、推进速度最快的联合概念,将从根本上改变美军指挥控制体制,推动美军联合作战进入全域要素融合的新阶段。这种全域感知、跨域联合、智能灵活的作战指挥体系将实现美军各种作战力量、作战单元和系统资源的高效协同、一体联动。

(一)实现战场态势感知数据的高效跨域融合

美军当前的跨域态势感知能力依赖于数量相对较少的昂贵高科技专用系统,不支持在所有领域充分地交互和数据融合,各军种之间缺乏简便安全的数据共享机制。联合全域指挥控制将连接陆海空天网各域广泛、分散部署的情报感知平台，结合人工智能技术的深度赋能和天地一体化网络的信息交互，使决策者能够清晰洞察多域数据之间的相互关系；将实现各作战平台间无缝的"机器－机器"消息转换与通信，使各军种能够灵活调用非自身建制的传感能力，形成及时、精确、统一的通用作战图，在作战中将迅速转化为决策优势和行动优势。

（二）实现跨军种、跨战域的智能化作战指挥

美军现行跨军种远程目标选取和火力支援过程中，军种之间需要通过持续监控大量基于互联网的多线程沟通程序、再手动将数据转移或输入至军种各自的系统中才能完成任务，这一过程耗时长且易引入人为错误。联合全域指挥控制将全面改革美军作战指挥方式、指挥权限和指控架构，从根本上改变"烟囱式"的作战模式，在作战规划时就充分考虑所有领域的融合，并在整个执行过程中在全域范围内动态调整和再分配任务；通过综合运用人工智能、自主性技术等进行人机协作、自主决策，使指挥官尤其是缺乏资源的低级别指挥官能够管理快速、复杂的作战，控制分布式部队，随环境或对手行动变化而动态调整作战方案。这将大幅提升美军作战指挥效能、缩短决策流程，压缩对手反应时间。

（三）实现高复杂度、柔性灵活的体系化对抗

美军认为，当前全战区集中式指挥控制架构限制了美军向对手施加困境的数量和速度，限制了指挥官的决策速度以及动态管理部队实施机动作战的能力，无法应对未来高强度、高速度的体系化对抗。联合全域指挥控制将所有域的传感器与射手互连，目的是增强武器平台之间的可组合性，创造出更多的杀伤效果，使美军的作战行动更加不可预测。该体系实际上是以"相对复杂度"为武器，即让对手即便通过"观察"掌握了己方的态势信息，也难以判别作战意图，进而难以确定打击重心和防御方向，给对手造成"决策困境"，有望达到"不战而胜"的目的。

联合全域指挥控制着眼于大国对抗，是美军夺取和巩固对我作战优势的利刃。尽管创建一个真正的联合全域指挥控制网络还有相当漫长的过程，但从美军重视程度以及相关项目研发进展来看，联合全域指挥控制将稳步、迅速推进，部分能力将很快进入实际应用。

（中国电子科技集团发展战略研究中心　方芳　焦丛）

美军开展两次"先进战斗管理系统"演示试验

"先进战斗管理系统"(ABMS)是美国空军最高优先级现代化项目,也是美国空军支持联合全域指挥控制(JADC2)战略的核心系统。

2021年,美国空军分别在2月和7月开展了第4、第5次演示试验。第4次ABMS演示试验展示了数项具有重要应用前景的能力,并实现了人工智能应用和战术边缘云的突破。第5次演示试验聚焦实现JADC2战略的技术,重点测试了新的通信技术以及边缘计算和存储能力。

5月,美国空军宣布,ABMS项目进入新的发展阶段,其项目建设重点由快速技术试验和开发转向作战能力部署,并计划通过"能力发布"向作战人员交付急需的作战能力,同时研发核心数字基础设施,确保联合部队互连的能力并支持实现各级决策优势。

一、第4次ABMS演习试验——人工智能应用和战术边缘云的突破

2021年2月22日至25日,美国空军在欧洲开展了第4次ABMS演示试

验，北约盟军首次参演，因此本次演习也称为多国 CJADC2 演示试验。

美国驻欧洲空军司令部与空军的首席架构师办公室联合举办本次演习试验。美国空军、海军（第 6 舰队）、陆军、太空部队和美国战略司令部，以及英国皇家空军、荷兰皇家空军和波兰空军等盟国部队参加此次演示活动。

联合部队完成了目标选择与打击任务和基地防御 2 个独立演习科目。

（一）目标选择与打击任务

在波罗的海区域，美国空军第 48 战斗机联队的 F－15C 战斗机和 F－15E 战斗机利用 AGM－158 联合空地防区外导弹（JASSM）执行了目标选择与打击任务。JASSM 为空对地隐身巡航导弹，通常用来从敌防空区外远距离精确打击严密设防的高价值目标如指挥控制、通信节点等（美国空军未公布 F－15E 战斗机所打击的具体目标）。

美军和英军的机载情报、监视与侦察（ISR）装备，如美国空军的 E－8C，与部署在欧洲的第 603 空战中心和可部署地面系统等其他空军节点，以及陆军系统和海军 P－8 巡逻机等平台，协作完成目标选择和传感器信息的综合，为本次演习的目标选择与打击以及指挥控制提供支持。在波罗的海上空飞行的 F－15C、F－15E 战斗机能获得陆军和海军以及盟军的数据以引导其导弹对地面威胁实施打击。第 100 空中加油联队的 KC－135 加油机（图 1）和空中机动司令部的 C－17 运输机也参加了本次任务。

（二）基地防御

在德国拉姆斯坦空军基地，美国空军和荷兰空军联合完成了此项任务，测试了美军和盟军部队协同探测和防御敌方无人机和模拟巡航导弹对基地的攻击的能力。

图1 在第4次ABMS演习试验中,美国空军第100加油机联队的KC-135加油机为F-15E战斗机加油

在本次演习中联军、盟军以及商用的传感器被集成到一个网络中,并演示了连接演习基地附近的"传感器"与"射手"的新技术。荷兰的F-35A战斗机为基地防御部队与美军在欧洲的防空反导指挥中心——美国陆军第10防空反导司令部(AAMDC)提供通信连接,充当通信中继节点。美国空军研究试验室的"忍者"反小型无人机系统实现了具备人工智能算法功能的安杜里尔工业公司的"哨兵塔"(图2)的互连。此外,测试了探测来袭威胁的新型边缘云能力。

在第4次ABMS演示试验中,人工智能首次应用于杀伤链,提升了动态目标选择与打击效能;第一次通过战术边缘云和公用数据标准化存储能力在不同平台之间快速移动数据;测试了用于核安全指挥和控制的新型弹性通信技术;实现新型"传感器到射手"连接,加速杀伤链,支持分布式作战。此外,首次将盟友连接起来,展示了多国联合部队综合运用全域作战资源的能力以及美军联合北约盟国在波罗的海作战的能力。这将使美军及其盟军能够在敌人采用"反介入/区域拒止"技术防护的地域内产生战斗力，同时也确保关键力量投送基地的弹性及其防御能力。

图 2　安杜里尔工业公司的"哨兵塔"

美国驻欧洲和非洲空军司令 Harrigian 对本次演习试验完成了对复杂的目标选择与打击任务的指挥和控制以及基地防空印象深刻，同时指出要利用技术优化网络系统以确保不同的网络可以相互通信并降低飞行员的工作量；计划、项目与分析主任 Adrian 则高度赞赏 ABMS 的天基连接、战术边缘通信与边缘云服务，以及移动、敏捷和安全的多级安全通信等三种能力的组合。

二、第 5 次演习试验——聚焦各级人工智能赋能的决策优势

2021 年 7 月 8 日至 28 日，美国空军的首席架构师办公室开展了第 5 次演示验证活动即"第 5 次架构演示与评估（ADE）活动"（此前称为"On-ramps"演示试验），如图 3 所示。这次演习试验将实现 JADC2 战略的技术放在优先位置，并与北方司令部的"第 3 次全球信息优势试验"（GIDE 3）

演习及太平洋空军的"太平洋钢铁2021"敏捷作战运用(ACE)演习同期举行。美军全部11个作战司令部、国防部的相关技术办公室以及46个公司参加了本次活动。演示试验得到了国防部联合人工智能中心(JAIC)和负责情报与安全的副部长办公室(OUSDI&S)的支持。

图3 "第5次架构演示与评估活动"期间正在运行的"星链"天线

本次演示试验的总体目标包括:增强竞争和危机中全球作战的域感知能力;通过人工智能提升信息优势;通过制定可行的威慑行动方案来提高决策优势;通过快速的跨作战司令部的协作提升全球一体化;通过集成的、分布式的、韧性的通信、计算和软件提高敏捷决策优势,从而在作战边缘实现敏捷作战运用。

首席架构师办公室开展了以下关键使能技术的演示试验:

(1)与联合人工智能中心合作,通过战略、战役和战术级的软件应用人工智能来实现决策优势。

(2)使用COTS网络技术和商业通信路径,提高带宽、稳定连通性和增强网络韧性，从而增强太平洋空军已部署的通信团队的能力。

（3）提升商业和政府边缘计算和存储能力的灵活性，使作战人员能够在分布式作战中访问任务应用。

（4）通过使用移动设备作为计算平台在商业卫星网络和地面蜂窝网络上运行机密级应用，支持机密级的机动作战、中断式作战和分布式作战。

（5）与美国国防高级研究计划局合作，集成异构电子系统体系技术集成工具链（STITCHES）的数据馈入自动翻译和威胁航迹自动融合的能力。

据首席架构师 Dunlap 介绍，本次联合演示试验测试了能同时提升美军在全球范围数据传输的可靠性和保密性的新型通信技术；在设计和评估技术架构方面取得了重要进展，这些架构将为高层领导人和联合作战人员提供决策优势。联合演习的成果有助于聚焦 ABMS 项目的重点，将为 ABMS 下一个的能力发布奠定基础。

三、后续发展计划

2021 年 5 月，美国空军参谋长 Charles Brown 表示，经过近两年的严格开发和试验，ABMS 已能够从空中、陆地、海洋、空间和网络领域收集大量数据，对信息进行处理，并以更快、更好的决策方式实现信息共享。美国空军宣布，ABMS 项目进入新的发展阶段，由过去的关注快速技术试验和开发过渡到更传统的重视作战能力部署。

ABMS 项目执行办公室——空军快速能力办公室将重点从数字基础设施和"能力发布"2 个方面开展 ABMS 的研发，发展安全处理、连通性、数据管理、应用、传感器集成、效果集成 6 种能力以确保联合部队的互连并支持实现各级决策优势。

（一）分阶段部署核心技术能力

美国空军将通过能力发布项目，分阶段交付缩短杀伤链的能力及作战人员急需的其他作战能力。计划开展以下 2 个方面工作：

（1）ABMS"能力发布 1 号"——空中边缘节点：将为作战人员交付第一个安全战术边缘节点，通过 KC-46 加油机连接第 5 代战术战斗机和战役级 C2 节点。它将实现 F-22 和 F-35 战斗机之间的安全、弹性通信和信息共享；通过卫星通信近实时地将态势感知与空战中心和通用任务控制中心等 C2 节点共享，使作战人员做出更优的作战决策。

（2）ABMS"能力发布 2 号"——支持北美防空防天司令部/北方司令部的基于云的 C2 能力，旨在加快北美防空防天司令部/北方司令部的指挥控制决策速度，增强决策能力，从而提升国土防御能力。

（二）发展核心数字基础设施

ABMS 的安全处理、连通性和数据管理是核心数字基础设施和未来投资的重点，这三种能力将确保联合部队互连的能力并支持实现从战术级到战略级的决策优势。

（1）安全处理：研发重点是由商业云和战术云组成的多级安全多云环境，用以提供安全的计算和存储能力。

（2）连通性：将交付全球范围的弹性、鲁棒的通信和数据传输能力，通过太空直至战术边缘。

（3）数据管理：将通过商业最佳实践和技术如应用程序接口（API）和标准化数据组织方案来公开数据，此外还包括对零信任多级安全应用、人工智能应用和机器学习能力的关键投资。

（中国电子科技集团第二十八研究所　冯芒）

DARPA "任务综合网络控制"项目研究

2021年4月28日，DARPA发布的一份广泛机构公告（BAA）指出，DARPA正在征询创新建议，构建和演示能够创建安全网络覆盖的软件，创建的安全网络覆盖层有多个控制机制，能够对敏捷自愈网络进行分布式管理，在高对抗、高动态环境中为多域杀伤网提供支持。该计划称为"任务综合网络控制"（Mission – Integrated Network Control，MINC），是马赛克战最终状态愿景的重要组成部分。MINC是DARPA继C2E（对抗环境下的通信）、DyNAMO（实现任务优化的动态网络自适应）和RN DMC（韧性组网分布式马赛克通信）项目之后发布的又一个为马赛克战理念提供支撑的网络与通信项目，此计划旨在实现网络之网络按需配置，并实现跨异构网络资源安全分发网络指挥控制（C2）信息。MINC项目将对信息和通信路径进行优先级分类，以实现敏捷自愈网络的马赛克战最终状态愿景，从而在高对抗、高动态环境中实现跨域杀伤网。

一、MINC计划概述

MINC计划的目标是确保在高对抗、高动态通信环境中，能够利用对任何可用通信或网络资源的安全控制能力，在正确的时间将关键数据送到正确的用户。MINC方法可实现与传统系统和未来系统异构组合的互操作，实现目前无法保证的数据及时可靠传递。这种能力将取代各战术网络的人工静态配置方式，以及有限的相关互通能力。对全域战的日益重视增加了异构网络控制的复杂性，MINC通过引入具备可选性、多样性和对网络之网络编排的快速适应能力的马赛克战概念来迎接这些挑战。

当前战术通信系统连接和控制方法是人工方式，易出错，可能导致配置错误或网络达不到最佳性能。在每个作战域内，网络都是在执行任务前提供和配置，这会导致采用通信资源静态分配方式，资源可能分配不当（不足或过多）。这两种极端情况可能会导致资源利用不足或性能不佳，以及需要大规模处理数据。除构建更大、更快的数据网络外，传统网络优化方法还关注服务质量指标，但其网络效用提升和数据优先分级措施同样粗放，不能将任务目标动态映射到不断变化的信息需求上。

从历史上看，美国国防部构建通信系统是采用一种垂直集成堆栈模型。而今天，美国国防部和商业通信系统构建方法都对这种堆栈进行了分解，从封闭、刚性架构转向开放、灵活解决方案。DARPA成功的组网和信息计划，如系统之系统集成技术与实验（SoSITE）用于异构电子系统的系统之系统技术集成工具链（STITCHES）和网络普遍持久性（Network Universal Persistence, Network UP）等，解决了解构这种堆栈模型的各种相关挑战。这些工作的创新点是通过数据和控制平面分离来实现无线电和消息互操作能力、定制化数据传送、数据包级数据安全和韧性。

MINC将最终实现范式转变，从静态、人工配置的封闭、刚性架构，转向任务驱动的自主方法，应用程序和网络可根据任务动态和操作人员反馈进行调整。在MINC环境中，如果能够在正确的时间交付正确的关键任务信息,即使网络未达最优性能也是可以容忍的。这与之前以提供最大数据量为最终优化目标的方式有很大区别。MINC 着力解决的是网络和信息的联合管理问题。MINC 的整体方法将对整个网络堆栈中的通信参数(如,应用层、网络层和物理层)进行推理,以实现任务驱动的网络控制方式,包括主动控制和提供底层通信和网络资源。

MINC 计划将解决目前战术网络在极端网络环境中运行时面临的三个关键挑战:

(1) 大规模异构通信系统之间网络互操作性不足。

(2) 支持任务的网络容量不足。

(3) 无法根据任务目标自主配置和动态重构网络。

这些挑战会对总体网络运行时适应性产生负面影响。MINC 计划将重点关注三项关键能力的开发和集成,实现杀伤网服务之间的"按需"连通:

(1) 开发"始终在线"的网络覆盖,以访问可用网络和通信资源以及控制参数。

(2) 使用跨网络方法来优化和管理网络配置和信息流。

(3) 创建一种任务驱动的方法来确定用于杀伤网服务的关键信息流。

MINC 设想通过跨域按需网络编排来创建实时自主资源发现能力,如图 1 所示。用于网络指挥控制(C2)的"始终在线"安全控制覆盖就是一个例子,它可实现跨网络后向和前向兼容,从而实现杀伤网服务之间的连通,以共享任务/应用数据。MINC 的另一目标是作为实时规划和执行能力,能够联合管理网络配置和信息流。这种能力将通过整合新的任务驱动型方法来实现,这些方法在应用于通信和组网时会捕捉任务需求和指挥官意图,并将之转换为网络和通信参数。

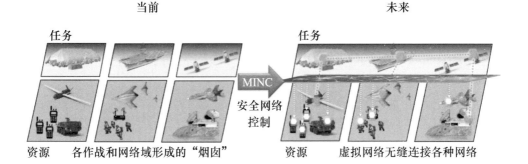

图 1　当前：各独立域中的静态网络会限制任务执行能力，并且只允许有限跨网数据移动；未来：MINC 将提供实时自主资源发现和网络编排，可跨越多个作战和网络域动态构建数据路径，不断适应任务需求

二、重点研究领域

MINC 计划旨在开发一种由多种复杂技术组成的集成系统，其首要目标是开发最佳技术，跨多个网络和作战域实现韧性通信。MINC 计划为期 48 个月，分 3 个阶段进行。第一阶段（基本阶段）执行期为 18 个月，第二阶段（选项阶段）执行期为 12 个月，第三阶段（选项阶段）执行期为 12 个月，第三阶段结束时还有 6 个月的迁移工作。MINC 计划涵盖如图 2 所示，安全控制覆盖、分布式网络编排和任务集成 3 个重点研究领域以及与完整网络编排系统的相关集成。MINC 项目将提供一种解决以上所有 3 个重点领域问题的综合解决方案。

MINC 用于网络配置和信息流安全管理的新任务驱动方法有两个主要属性：①"始终在线"的虚拟网络控制覆盖层，维持跨异构网络的感知和控制能力；②在杀伤网服务之间实现"按需"连通，从本质上说是在端点或隧道之间动态创建虚拟路径，用于任务通信。

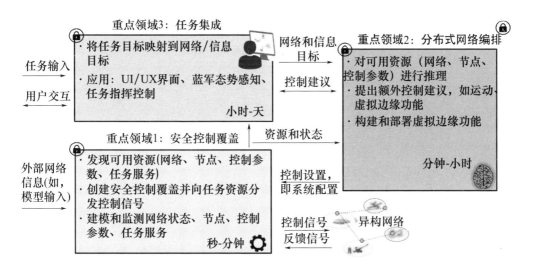

图 2　各重点领域间交互示意图

为了找到针对 MINC 属性的创新技术解决方案，MINC 计划将利用最新组网技术理念的进步：软件定义网络（SDN）、网络功能虚拟化（NFV）、信息中心网络（ICN）、意图驱动网络（IDN）。

MINC 解决方案将展示出能够随时随地提供虚拟连接的能力，实现马赛克架构的执行。MINC 项目鼓励与商业技术开发商直接合作，防止投入过多资源重复开发关键技术。

（一）重点领域 1：安全控制覆盖

重点领域 1 将开发异构网络资源和任务服务的韧性发现和安全控制方法。这一重点领域将在原生传输设施之上开发一种韧性安全控制架构。安全控制覆盖将提供网络资源发现和网络控制消息分发机制。该领域的挑战包括以下能力：

（1）创建普遍性的可扩展异构网络资源集成和发现方法。

（2）使用该发现信息构建和维护一个在安全控制覆盖层上共享的全战场网络资源模型。

（3）维护控制覆盖层及相关网络资源和任务服务的安全性（机密性、完整性和可用性）。

（4）跨这些网络资源和任务服务管理复杂的可寻址配置参数集。

（5）穿越多个网络和安全域，跨传统、现有和新兴通信系统实现后向和前向兼容性。

（6）鉴于网络资源要同时在多个任务之间共享，需减少控制开销。

项目解决方案要利用最近开发的已在维护网络控制数据机密性、完整性与可用性的其他研究和开发工作中得到验证的创新网络安全技术来专门识别及解决安全问题。MINC解决方案将开发所发现网络资源、相关控制参数、网络和任务服务的监测和建模方法，估计和报告其当前状态，并预测其未来状态。这种分布式网络资源模型将捕获网络资源、控制机制（又称"旋钮"）和任务服务的可用性，并提供给重点领域2和重点领域3。这一重点领域取得成功的定义是能够创建跨越多个异构网络和作战域的安全控制覆盖，同时将控制数据开销对网络的影响降至最低。

解决方案还将讨论如何有效利用这一安全控制覆盖层来生成网络资源和任务服务的"蓝军态势感知"，并将任务指控数据分发给任务服务。

（二）重点领域2：分布式网络编排

重点领域2将使MINC能够根据任务需要和信息需求半自主控制多个异构网络和网络资源。重点领域2将开发算法和方法，即MINC"大脑"，对多个异构网络的控制参数进行推理。控制参数可包括但不限于无线电和波形内在的控制"旋钮"，解决通信问题的物理运动建议，以及为网络、信息和安全管理目的引入虚拟边缘功能。

为此，必须克服几个挑战，包括但不限于：

（1）基线网络容量不足，无法同时为所有任务提供最佳支持。

（2）对任务相关信息以及网络资源和任务服务状态的访问断断续续且有延迟。

（3）无法实时适应网络和任务动态。

MINC 可用的某些控制参数可以代表网络资源集合的配置。解决方案将讨论解决方案如何处理网络资源和预期可用控制措施集合。例如，单独一部 Link 16 无线电可能不提供任何可控能力，即很少或没有网络参数可以就地修改。然而，接入 Link 16 网络的网关可以向 MINC 提供当前通信计划和在该网络上寻址各无线电的手段。这种情况下，可能有有限的可控性选项可用，如移动到另一个不同子网。但诸如 Link-16 之类网络的底层访问和控制细节将由网关功能管理，不属于 MINC 项目范畴。

重点领域 2 将创建 MINC 中构建和部署虚拟边缘功能的软件框架。解决方案将包括可能会提高整体网络性能并同时适应任务、网络和应用需求的虚拟边缘功能类型。重点领域 2 将对从重点领域 1 网络资源模型（网络资源、相关控制参数及其状态）接收的输入进行推理，并开发编排算法，该算法要考虑来自重点领域 3 关于网络和任务信息需求的输入。重点领域 2 将按需组成虚拟网络和链路，提供虚拟连接以支持任务执行。这将通过管理任务数据分发和负载，同时控制和供应网络资源来实现。这一重点领域取得成功的定义是能够提高战场级网络性能，并最终在正确的时间找到正确数据的路径。

（三）重点领域 3：任务集成

重点领域 3 将研究将任务目标和应用需求映射到网络目标的能力，同时还提供所有三个重点领域的系统集成。重点领域 3 是设计任务驱动的组网方法，并创建 MINC 赋能的交互式应用程序，提供定制信息和服务访问。重点领域 3 本质上是提供构建模块，利用 MINC 系统创建的战场通信架构的任务应用程序填充"应用商店"。该计划的每个阶段都将引入一个新的 MINC 赋能应用程序。这一领域的挑战包括：

（1）根据任务目标提供半自主控制。

（2）创建一个框架来表达任务目标，并以简单的半自主方式生成任务和网络目标之间的映射。

（3）管理用户交互，包括开发具备以人为中心用户体验的 MINC 用户界面。

将使用当前的商业软件开发最佳实践设计应用程序和任务集成框架，以便为未来使用提供一个开放、可扩展的"应用商店"。在理想最终状态下，第三方应该能很容易地开发任务应用程序并与 MINC 集成。

这种任务驱动的组网方法将让重点领域 3 能提供半自主控制，它将降低运营商面临的复杂性，并可能与其他 C2 工具集成。解决方案将讨论重点领域 3 的潜在输入和输出，解释这些输入将如何用于说明或导出任务意图，并将意图转换/映射到网络目标。重点领域 3 的输出被设想为待转换用于重点领域 2 进行推理的网络和信息目标。这一重点领域取得成功的定义是能够实现和提高任务成功率，同时降低对用户的复杂性要求，并提供关于网络当前状态的持续反馈，以满足任务目标。

重点领域 3 研究在构建综合系统时的一项关键内容是纳入用户交互和反馈机制，确保 MINC 不仅实现项目目标，还要使潜在迁移合作伙伴能够尽可能理解 MINC 满足联合作战网络当前或新兴需求的方式。MINC 认为，能够使用马赛克战概念解释 MINC 并纳入自主技术的方案值得关注，如纳入简化所需人类行动的方法，以降低网络配置和管理所需总体认知负担。解决方案还将特别考虑 MINC 用户界面/用户体验（UI/UX）设计元素在整个 MINC 系统中的位置。MINC 用户界面/用户体验设计要让运营商能够快速建立网络和任务态势理解。

三、几点认识

随着美军战略重心转为应对所谓大国竞争，为了克服这一战略环境下美军兵力结构的不足，DARPA 提出了马赛克战兵力设计概念，目标是利用信息网络创建一种高度分散、富有弹性、可灵活重组的杀伤网，确保美军在对抗环境下的作战效能。而要实现马赛克战作战概念，实现敏捷、韧性、可按需重组的网络与通信是基础，于是 DARPA 近年陆续推出了 C2E、DyNAMO 和 RN DMC 乃至 2021 年推出的 MINC 等通信项目，这些项目组合在一起，从低层到高层，基本组成了 DARPA 解决马赛克战通信问题的完整项目体系，为实现马赛克战概念提供支撑。纵观 DARPA MINC 项目 BAA 的内容，我们可看到 DARPA MINC 项目开发将呈以下特点：

（1）MINC 项目将面向马赛克战的通信与网络研究实现上升到了网络之网络及更高的应用层。DARPA 之前推出的 C2E、DyNAMO 及 RN DMC 主要还是针对 OSI 模型的下三层，即网络层、数据链路层、物理层，是为了解决通信物理层和特定环境下的低层组网和互操作问题，甚至是更底层的分布式天线问题。C2E 项目是为了解决面临多种频谱战威胁的对抗环境下的通信问题，DyNAMO 项目主要是为了解决高对抗环境中的动态自适应组网和各机载网络之间不兼容问题，而 RN DMC 目标是通过空间分布式小尺寸、重量、功率和成本收发器单元协同组成马赛克天线，提供远程通信。与以上项目不同，MINC 则上升到了网络之网络层面，解决更高层的异构网络资源发现、半自主分布式管控、编排和调度问题,同时采用了一种面向任务的方式(捕捉任务需求和指挥官意图,并将之自动转换为通信、网络和信息需求),将解决的网络问题上升到了应用层。

(2) MINC 项目解决的问题针对的是信息网而不是限于通信网。MINC BAA 中已经明确指出,该项目涉及网络资源包括通信、计算和存储资源,而不仅仅是通信资源;该项目也不是单纯追求网络性能的最优化,而是要根据任务需求实现网络与信息的联合优化,最终目标是保证任务效能;MINC 要在杀伤网服务之间实现"按需"连通,从本质上说是在端点或隧道之间动态创建虚拟路径,用于任务通信。"杀伤网服务"是通过自己的无线电连接到某个战术网络的任何军事作战能力(任务系统、传感器、武器或平台)。有时也称为"任务服务",不同于"通信或网络服务",后者是由 MINC 直接访问和管理的组网资源之一(无线电、网关、路由器、计算节点等)。

(3) MINC 计划将利用最新组网技术理念的进步,减少专用技术研发。如 SDN、NFV、ICN、IDN 等(图3)。其中:软件定义网络(SDN),提供

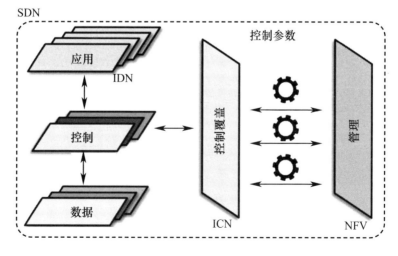

图3 MINC 利用针对战术网络用途进行了改造的商业概念

网络控制的软件可编程能力；网络功能虚拟化（NFV），将网络功能与硬件解耦；信息中心网络（ICN），用于数据安全发现和检索；意图驱动网络（IDN），自动将用户目标映射到网络管理策略。

（中国电子科技集团网络通信研究院　王煜）

DARPA "天基自适应通信节点"项目研究

2021年9月14日,DARPA发布了"天基自适应通信节点"(Space-BACN)项目技术领域1与领域2的计划征集,旨在开发一种能够处理多种波形的低成本、可重配置光通信终端,帮助各种不同卫星星座快速、安全共享数据。稍后,DARPA又在2021年9月27日发布了技术领域3的征集草案,将开发"跨星座指挥和控制"架构,实现政府和商业卫星之间的自动化交互。据DARPA表示,Space-BACN将在多项关键技术领域实现创新,包括空间通信、星间光链路、可重配置调制解调器、模块化组件、空间指挥控制等,从而极大地扩展美军空间通信的韧性和能力。

一、背景

近年来,美国国防部和新兴商业航天企业都在加速发展低地球轨道(LEO)星座。未来几年,将有成千上万颗卫星进入LEO轨道。而这些LEO星座也面临一个难题,即缺乏一种完全的在轨互操作能力。各星座自己的单波形交链通信系统几乎完全采用定制部件,缺乏重配置能力,只能与特定波形系统通信。而且，各星座几乎在所有实现细节上都不同（尽管大多数波形工作在相同频带），这导致空间域严重分裂，"孤岛"频频出现，对未来 LEO 星座的发展造成巨大的运行、管理与安全隐患。

美国国防部正在大力推进 LEO 星座的开发建设，目前有"黑杰克"（Blackjack）、国防太空架构传输层 1 期等多项计划。为了消除空间在轨互操作瓶颈，DARPA 启动了"天基自适应通信节点"（Space – BACN）计划，旨在开发一种空间系统互操作的终极解决方案，即开发一种可重配置、多协议、低 Swap – C（尺寸、重量、功率和成本）的星间光通信终端（图1）。该终端在 LEO 平台上运行，易于集成，可连接采用不同光学星间链路（OISL）规范的异构星座，在不同国防和商业 LEO 星座之间实现快速、安全的数据共享。

图 1　Space – BACN 概念示例

二、主要内容

（一）总体目标

Space – BACN 提出了一项"3 个 100"的开发目标，即支持"100 吉比特/秒"的空间单波长波形，功耗低于"100 瓦"，成本少于"100k"（10万美元）。

从网络角度来看,Space – BACN 终端是一种物理层和链路层设备(OSI 堆栈的第 1 层和第 2 层),可以实施在轨重配置,跨不同标准进行通信。

Space – BACN 终端可以安装在专用卫星上,充当通信和数据共享网关,或者与未来各种卫星集成,直接赋予它们这种能力。

(二)关键技术

Space – BACN 需要解决的关键技术领域(TA)主要包括模块化低成本光学孔径、可重配置调制解调器和跨星座指挥和控制。

1. 模块化、低 SWaP – C 光学孔径

该领域的关键目标是通过单模光纤(SMF)将星间光链路(OISL)前端与信号处理分开。光学孔径包括一个总体终端控制器,负责指向、捕获和跟踪(PAT)功能、终端指挥与遥测,以及发射(TX)光学放大和可选的接收低噪声光学放大。

为了实现灵活高速光通信所需的相干处理,光学孔径必须将光耦合到 SMF。这涉及一系列挑战,包括:在高度变化的热、冲击和振动环境中实现光的聚焦和稳定;在指定光带宽内任意一对发射 – 接收波长上工作;适应多个 PAT 序列中的任何一个。

传统上用于空间的光学孔径非常昂贵,且只能少量生产。为了降低成本,Space – BACN 项目将着重实现光学部件的设计简化与组装和调整自动化。

2. 可重配置调制解调器

该领域旨在开发一种可重配置调制解调器,在单波长上支持 100 吉比特/秒的多种光波形。光通信和数字信号处理技术的最新进展使得 100 吉比特/秒可重配置终端已经触手可及。在光纤、数据通信、电信领域,批量制造的集成光子电路也催生了无处不在的低 SWaP – C、高数据率收发器。

Space–BACN将采用多种先进技术,包括"50 +"吉比特/秒采样的模数/数模转换器、窄线宽可调谐激光器、光学同相和正交调制器以及均衡器。其可重配置调制解调器可以支持多个波形,重点是当前和近期行业支持的波形。

3. 跨星座指挥控制

该领域将开发跨星座通信指挥控制架构,其核心是应用编程接口。Space–BACN将商业C2系统视为一个"黑匣子",可通过应用编程接口查询星座的C2运营中心,以协调利用卫星间光链路进行数据传输的入口/出口点和服务级别协议。这样控制Space–BACN终端的政府卫星C2运行中心就可以与其他政府和商业星座运营商协调卫星间光链路。

TA3需要解决的重点问题包括:①开发星座C2运营中心之间的接口,以协调服务级别协议、连接请求和状态更新;②在政府开发的模拟环境中演示API,以协调政府和商业群体之间的光通信;③对所有C2交互进行网络加固,确保C2信道不被用作攻击系统自身。

(三)实施计划

Space–BACN计划分三阶段实施,历时37个月。第0阶段(15周)主要创建初始架构设计。第1阶段(14个月)开发系统设计并进行风险降低的试验演示。第2阶段(20个月)将生成一个"工程设计单元"(EDU)原型和一种空间级别的网络韧性系统设计。

1. 第0阶段

在第0阶段,TA1和TA2将开发支持其各自任务的架构设计。设计审查将在第0阶段结束时进行,评估系统架构的演示。

2. 第1阶段

在第1阶段,TA1需要在台式演示过程中,在从自由空间孔径通道侧到接收光纤的基本引导模式中实现小于 10 分贝损耗——无 SWaP 限制，并在初步设计评审（PDR）中提交满足 SWaP－C 约束和性能指标的方案，以及适应通用采集序列的方案。TA2 将开发可重配置调制解调器的单个组件，演示能够支持 100 吉比特/秒运行或者具有支持 100 吉比特/秒的路径，以及演示组件之间的工作接口，并提交可重配置方案以支持 PDR 期间的额外波形。

3. 第 2 阶段

第 2 阶段 TA1 将开发一种 EDU 原型，演示能够从孔径到接收光纤基模实现小于 6 分贝的损耗（消耗小于 60 瓦）。EDU 还应展示普遍的 PAT 能力。在关键设计评审时需要一个空间级设计方案，满足每个光学孔径成本和重量分别小于或等于 7 万美元和 8 千克。可重配置 EDU 可支持多达 6 种波形，同时功耗低于 40 瓦。TA2 的空间设计方案需要满足调制解调器成本低于 3 万美元，质量低于 2 千克。各阶段的总体范围与需求参见表 1。

表 1 天基自适应通信节点计划总体范围与进度

任务	阶段 0	阶段 1	阶段 2
领域 1 模块化光学孔径	架构设计	·损耗：10 分贝耦合到 SMF 中（热、真空、震动） ·演示不同捕获模式 ·设计满足 SWaP 目标 ·设计实现网络加固基本功能 ·定义领域 1 与领域 2 间接口	·工程设计单元（EDU） ·损耗：6 分贝耦合到 SMF 中（热、真空、震动） ·功率：60 瓦 ·空间级设计 ·7 万美元/光学望远镜 ·8 千克/光学望远镜 ·网络加固基本功能 ·连接领域 2

续表

任务	阶段0	阶段1	阶段2
领域2 可重配置 调制解调器	架构 设计	·独立部件：ADC/DAC、调制解调器、FEC ·运行或者具备路线支持100吉比特/秒 ·可重配置支持新波形 ·演示组件接口 ·设计满足SWaP目标 ·设计实现网络加固基本功能 ·定义领域1与领域2间接口	·工程设计单元（EDU） ·波形：5+（见表2） ·功率：0.4瓦/吉比特/秒（最大40瓦） ·设计新波形时间：6周 ·空间级设计 ·3万美元/调制解调器 ·2千克/调制解调器 ·网络加固基本功能 ·连接领域1

注意，Space-BACN通信终端将处理多种敏感数据，安全至关重要。项目将采用加固设计方法防范网络攻击，重点强化Space-BACN操作系统、终端中的数字组件和C2信道。

待演示光波形样本集见表2。

表2 待演示光波形样本集

待演示波形样本				
链路	距离/千米	速率/（吉比特/秒）	调制	FEC
LEO-GEO	45000	1	DPSK	DVB-S2 LDPC
LEO-LEO	5000	1	OOK	SDA RS
LEO-LEO	5000	1	OOK	SDA LDPC
LEO-LEO	5000	1	DP-QPSK	OFEC
LEO-LEO	2500	1	DP-QPSK	OFEC

（三）技术指标

Space-BACN计划TA1和TA2的高层目标见表3。

表 3　TA1 和 TA2 高层目标

项目目标 （光学终端）	TA1（光学孔径）	TA2（可重配置调制解调器）
链路范围	2500 千米处为 100 吉比特/秒，5000 千米处为 25 吉比特/秒，45000 千米处为 1 吉比特/秒	
波长范围	完全可调/可选 1530～1565 纳米	
可编程波形	支持链路聚敛和数据速率的光学孔径、光学放大器增益和噪声性能	支持各种单波长 OOK、PPM、DPSK、DP–QPSK 格式的可重配置调制
功率≤100 瓦	≤60 瓦	≤40 瓦
质量≤10 千克	≤8 千克	≤2 千克
生产成本≤10 万美元	≤7 万美元	≤3 万美元
低地球轨道上 5 年寿命	跨平面支持、抗辐射和网络加固	抗辐射和网络加固
模块化互操作性	SMF、C2 信道	SMF、C2 信道
支持主要行业标准和通信协议		可重配置编码、FEC、框架、开放标准

三、认识

DARPA 将 Space – BACN 视为马赛克战目标状态愿景的重要组成部分，并期待该计划成为联合全域指挥控制的重要使能器。

（一）实现多轨道、跨星座互操作性

扩散的空间系统与缺乏通信链路标准正将空间域引向一条碎片化、烟囱化的无序路线：新星座彼此无法互操作，政府卫星之间无法相互通信，政府卫星更无法利用新兴的商业卫星通信能力。Space – BACN 则是 DARPA 力图扭转这一局面所放出的"大招"。

DARPA 启动 Space – BACN 最直接的一个原因是美国国防部本身就存在多个 LEO 小卫星星座计划，如 DARPA "黑杰克"和 SDA "国防太空架构"。"国防太空架构"计划从 2022 年开始发射传输层卫星，SDA 要求卫星供应商提供可互操作的星间光链路。Space – BACN 将打通政府和商业系统之间互操作性的"任督二脉"，直接推动 SDA 愿景，也为美军"联合全域指挥控制"提供了有力支撑。另外，多家商业航天企业都在开发单模相干系统，有望在实现高速通信的同时降低成本。但这些系统既不能重配置，也与其他标准不兼容，因为其光通信链路被设计成只能连接给定星座内的卫星，而无法动态调整波形与其他星座卫星通信。

迄今为止，由不同商业或政府运营商控制的卫星星座从未通过空间光通信链路相互通信。而 Space – BACN 计划开发的低成本可重配置光通信终端，几乎可以与任何标准的卫星通信，从而连接那些原本无法相互通信的系统，甚至是一个尚未建立的未来系统。

（二）开发低成本终端

用于空间光通信的传统政府光学终端造价高达数十万至数百万美元。相比之下，商用单模相干系统则具有显著成本优势，有望在解决了互操作性问题后为空间通信提供一种极富吸引力的解决方案。为此，Space – BACN 提出了一项"3 个 100"的目标，这也预示着该项目将按照一种高性价比的思路寻求发展。

由于 Space – BACN 专注于 LEO 轨道，它能够更好地利用一些先进的低成本电子设备（这些设备能够在辐射较低环境中可靠运行）。而 LEO 卫星相对较短的预期寿命（3~5 年），也有助于快速更新周期和新技术插入。

DARPA 希望 Space – BACN 整个组件高度模块化，并利用开放架构系统支持快速升级，甚至完全更换。这将能够实现快速功能改进以及新功能集成,并能够相对快速地实现量产。

(三) 构建韧性灵活的 LEO 空间架构

LEO 轨道是美军构建未来新一代国防太空架构的关键。美军有多项小型 LEO 星座计划正在进行中,这些项目可以从 Space – BACN 项目中显著受益。例如,美军的空间能力目前由相对少量的卫星提供,而越来越多的地面和在轨反卫星威胁凸显了分布式星座的必要性。Space – BACN 通过增加冗余度有效降低了卫星通信网络的脆弱性,更好地防止了未来冲突中单个卫星甚至单个网络被摧毁而导致的"单点故障",尽最大可能确保部队继续获得各种关键的天基支持,如预警、情报收集、导航和武器制导、通信和数据共享。Space – BACN 还可确保将数据快速传输到地面的指挥和控制中心,然后利用这些数据尝试拦截高超音速武器。而目前计划中的大量 LEO 星座,也意味着 Space – BACN 可以用来操作和协调部队,直至单个飞机、无人机或导弹的级别。

另外,美军也在与商业航天企业合作,利用商业 LEO 能力增强美军。美国空军在 2020 年的实弹演习中就使用了 SpaceX 的 Starlink 网络,开展了联合行动。此外,Space – BACN 这样的光学通信终端也可以用在飞机上,如美国空军高空长航时隐身无人机(通常称为 RQ – 180)。据媒体透露,基于激光的卫星通信系统已经在 MQ – 9 "收割者"上进行了测试。

近年来,光通信在空间领域的重要性越来越突出。DARPP 希望通过 Space – BACN 计划,寻找降低这一技术核心要素成本的方法,以便各种终端用户在更大范围内采用这一技术。DARPA 将 Space – BACN 描述为"瑞士军刀",就是期望这把"瑞士军刀"能打开未来空间通信的大门。

(中国电子科技集团网络通信研究院　黄小军)

外军积极发展北极地区卫星通信能力

近年来,外军在发展北极地区卫星通信方面动作频频。2021年,美国2021财年《国防授权法案》授权向美国太空军拨款4600万美元,用于为北极地区开发初始卫星能力;美国北方司令部正在与美国空军研究实验室展开合作,测试北极地区的商业卫星通信能力。"一网"(OneWeb)公司准备开始在北极地区提供太空宽带服务;俄罗斯亦提出计划将在2024年前发射卫星,实现对北极地区的覆盖。这一系列举措的背后,凸显了大国竞争背景下各国对北极战略前沿的重视和争夺。

一、背景

随着全球变暖融化北极冰层,以及新航运贸易路线的开辟和房地产的开发,各国围绕北极地区价值约1万亿美元的未开发石油、天然气和矿产资源的激烈竞争已经开始。据估计,在过去10年里,北极地区的人类活动在航运、采矿、能源勘探、渔业和旅游业方面增长了近400%。北极正在成为一个战略区域,对这一区域内有关资源和其他国家正在进行活动的了解至关重要。

随着北极成为新的战略前沿，美国、加拿大、丹麦、芬兰、冰岛、挪威、俄罗斯、瑞典等北极国家和一些附近国家已经在争夺极地地区的影响力，这场争夺的背后是抢占全球航运、国际贸易和世界能源格局的话语权。

为保护自己的利益，包括俄罗斯和美国在内的许多国家都在规划本国在北极地区的军事存在。军事行动需要持续的指挥、控制、通信、计算机、情报、监视、侦察（C^4ISR）支持，以实现北极地区的态势感知和信息共享。在此背景下，近年来，美、俄以及欧洲一些国家开始积极发展北极地区通信能力、特别是卫星通信能力。

二、北极地区通信面临的挑战

北极的极端环境条件使得采用常规技术提供通信能力存在困难。

由于缺乏陆基基础设施和卫星覆盖，北极地区的通信基础设施普遍匮乏。在斯瓦尔巴特群岛、格陵兰岛、加拿大、阿拉斯加和俄罗斯的定居点范围之外，几乎没有陆基基础设施。在这种情况下，卫星无疑是实现北极地区通信覆盖的最佳手段。

但由于地球是球形的，地球同步轨道的半径约为42000千米，地球静止卫星无法覆盖到纬度约81°以上的北极地区。基于地球同步轨道卫星的卫星通信系统，如"国际海事卫星"（INMARSAT）系统，在北纬75°以北几乎没有覆盖，在北纬81°以上则完全没有覆盖。这一区域的活动通常必须依靠人类勘探队来检查设备，并从远离定居点的传感器提取科学数据。这些代价高昂的操作给执行设备和人员带来不少风险。

此外，基于低地球轨道卫星的几个通信系统，如"轨道通信卫星"

(Orbcomm)和"全球星"(Globalstar),其轨道根本不覆盖北极;"百眼巨人"(Argos)系统只能提供部分北极覆盖;只有"铱星"(Iridium)系统能够提供连续全球覆盖,从而成为北极地区最常用的系统,但也主要提供话音服务,而且只能提供有限的带宽。近来一些新兴巨型星座,如Oneweb和"星链"(Starlink),最有可能覆盖北极。覆盖北极地区需要一个基于极地轨道卫星的系统。北极的传感器节点有可能看到极地轨道卫星的每一次通过。这简化了星座和星群设计,只需使用一个轨道平面上的卫星就可以设计出合理的覆盖范围。

除了提到的技术和物理通信挑战之外,北极本身也是一个挑战。天气和气候条件恶劣,对人和设备都不友好。过长的黑夜以及云层覆盖限制了太阳能,设备不可能从太阳能电池板获取能量,必须完全依靠电池;云层覆盖还抑制了光电/红外(EO/IR)成像;电离层和极冠效应将影响地球节点和卫星之间的无线电信道;并且北极地区温度可能下降到 $-65℃$ 以下,这会影响硬件设计;气温较低,海上漂浮的设备容易结冰,并可能在大风期间被海浪淹没。

三、北极地区的商业卫星通信项目

目前,商业领域已率先开始将卫星通信覆盖扩展到北极地区。开普勒公司(Kepler)曾于2019年首次为北极科学考察船提供高带宽卫星服务。此外,一些计划或建设中的系统亦将为北极地区提供宽带服务,如"挪威航天"公司(Space Norway)的"北极卫星宽带任务"(ASBM),或商业宽带互联网巨型星座计划Oneweb和Starlink。目前Oneweb和Starlink均已成功发射多颗卫星入轨,地面基础设施正在建设中。

（一）开普勒公司首次提供北极高带宽卫星服务

2019 年 11 月，开普勒公司首次向北极地区提供了高带宽互联网连接。该公司成功向一艘驻扎在北极的德国破冰船提供了基于卫星的宽带连接，速度超过 100 兆比特/秒。这次演示标志着历史上第一次通过高带宽卫星网络成功连接北极中部。演示中，开普勒在破冰船上通过一部 2.4 米 Ku 波段甚小孔径卫星终端（VSAT）天线实现了 38 兆比特/秒的下行链路速率和 120 兆比特/秒的上行链路速率。根据相关标准，25 兆比特/秒已算是高速宽带网络，能够流畅地观看视频。

在开普勒公司的支持下，该破冰船上配备了世界上唯一可在北极地区使用的高带宽纳卫星数据链，从低地球轨道提供服务。开普勒在其卫星经过该船上空时提供了比以往高出 100 倍的数据速率，使该船在传统高通量卫星范围之外也能良好运行，这是过去无法做到的。这种改进的数据传输能力意味着科学家可以在船舶和海岸之间共享大型数据文件，从而提高共享、分析和传播信息的能力。

该公司已有两颗卫星（名为 KIPP 和 CASE）在轨运行，可提供覆盖极地的互联网接入。这两颗卫星沿极地轨道围绕地球旋转，高度处于仅略高于地球表面 360 英里的低地球轨道。根据开普勒网站提供的信息，卫星每 90 分钟绕地球一周。

另一颗卫星（名为 TARS）计划近期发射。该公司最终计划在 2023 年前将大约 200 颗纳卫星送入轨道。

不过，许多人仍担心这些新的通信卫星以及 OneWeb、Starlink 等星座的大量卫星一齐涌入低地球轨道会发生碰撞，进而影响到太空运行安全。关于这一问题，开普勒公司称，他们的卫星将在比 Starlink 卫星高 31 英里的轨道绕地球飞行。

（二）Space Norway 开发"北极卫星宽带任务"项目

Space Norway 公司与卫星运营商 Inmarsat 及挪威国防部合作打造的北极卫星通信项目名为"北极卫星宽带任务"（ASBM），旨在利用高椭圆轨道（HEO）星座中的两颗卫星为北极地区的民用和军用用户提供连续覆盖，提供与常规地球同步轨道（GEO）系统相当的服务。两颗 ASBM 卫星将由诺斯罗普·格鲁曼公司制造，并计划于 2022 年底由太空探索技术公司（SpaceX）发射。地面站将建立在挪威北部，确保挪威政府对这一至关重要能力的控制。

运行于高椭圆轨道的 ASBM 双星系统（图 1）可以在 GEO 卫星无法到达的纬度上实现宽带连接。GEO 卫星覆盖赤道上空，而 ASBM 卫星将利用其独特的轨道覆盖北极圈，特别是北纬 65°及以上。

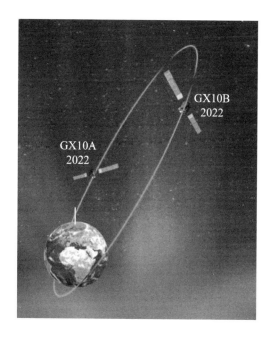

图 1　ASBM 卫星示意图

ASBM 卫星 16 小时环绕地球一周。这些卫星在南方靠近地球的弧段上将关闭通信服务，并在北方较长的椭圆轨道弧段上重新启动服务。每颗卫星开启服务的弧段部分大约持续时长为 10 小时，并将确保从一颗卫星到另一颗卫星的无缝切换。据相关各方称，这些卫星将为渔业、能源行业客户、救援行动和其他应用提供通信服务。

由于卫星使用非地球同步轨道，它们在空中移动的速度不会太快，因而并不一定需要采用电控平板天线。像一些海船已经装有抛物面跟踪天线来适应波浪引起的晃动，这足以适应卫星位置的逐渐变化。

ASBM 卫星将分别携带一个挪威国防部的 X 波段有效载荷、一个美国空军的 EHF 通信有效载荷和一个由 Space Norway 运营并由 Inmarsat 租赁的商用 Ka 波段有效载荷。

（1）挪威国防部的 X 波段有效载荷。Space Norway 为挪威国防部提供的 X 波段有效载荷将提供北极覆盖，并可与美国的宽带全球卫星通信（WGS）系统互操作。

（2）美国空军的增强型极地系统–资金重组（EPS–R）有效载荷。ASBM 卫星上还将搭载美国空军的 EPS–R 有效载荷，可满足美军在极地区域的保密卫星通信需求。

（3）Inmarsat 有效载荷。Inmarsat 将这两个有效载荷命名为 GX–10A 和 GX–10B，它们将无缝集成到 Inmarsat"全球快车"（Global Xpress）网络中，将 Global Xpress Ka 波段服务扩展到北极。在那里，Inmarsat 将更直接与其竞争对手铱星公司展开竞争，因为后者的窄带低轨星座是高纬度地区仅有的连接手段之一。

四、北极地区的军事卫星通信解决方案

(一) 美国

由于缺少传统的陆基通信和卫星连接,美国军方长期以来一直对极地地区的不可靠通信表示担忧。美国太空军的主要通信卫星系统——宽带全球卫星通信系统(WGS),旨在提供北纬70°和南纬65°之间的连接,基本上只能覆盖到极地边缘。

通信能力的缺乏也延伸到了美国海岸警卫队。在2020年的"海岸警卫队状况"年度讲话中,美国海军上将卡尔·舒尔茨强调了海岸警卫队人员如何经常不得不挖掘几英尺厚的积雪来修复降级的陆基通信设备。舒尔茨强调,这个问题需要采用一种"政府整体"方法,北极的通信缺口需要立即得到解决。美国海岸警卫队证实,他们正在与国防部合作探索新的卫星通信能力。

2020年5月,美军北方司令部司令、空军上将特伦斯·奥肖内西在向美国参议院军事委员会的陈述中,将北极描述为"我们国土防御的新前线"。他强调了俄罗斯在北极军事存在的稳步扩张,包括先进远程巡航导弹、远程轰炸机和新型雷达设施等。这令北方司令部感到在作战人员和平台通信方面存在显著缺口。从基本的点对点连接到与分布式传感器的通信,美军在许多方面都面临挑战。

1. 军方项目

2019年10月,美国空军拥有了为北极提供安全通信的增强型极地系统(EPS)的控制权,并宣布该系统正式运行。在此之前,美国空军成功对该系统进行了多军种运行测试与评估。由两颗卫星组成的EPS位于高椭圆轨

道，确保至少有一颗卫星可为北纬65°以上的作战人员提供连接，从而实现对该地区的全天连续覆盖。美国空军的先进极高频（AEHF）及其前身Milstar系统不覆盖极地地区，EPS系统填补了这一空白。

不过，EPS只能向少量北极地区用户提供受保护卫星服务。2017年时，美国空军考虑增加两个EPS载荷，在北极地区提供安全EHF扩展数据率（XDR）通信。项目命名为"增强型极地系统–资金重组"（EPS–R），它将取代过渡极地系统（IPS）。IPS自1998年以来一直辅助"军事星"（Milstar）系统为北极地区的美军提供军事卫星通信服务。

2018年，诺斯罗普·格鲁曼公司获得EPS–R有效载荷研制合同。如前文所述，这两个有效载荷将搭载在Space Norway的ASBM卫星上，计划于2022年发射。

2. 军商合作项目

当前，美军北方司令部正在与美国空军研究实验室（AFRL）展开合作，测试北极地区的商业卫星通信能力，如开展OneWeb服务试验。美国空军计划在北纬55°以北的地方进行北极通信能力原型设计和测试。

这些实验是AFRL"商业空间互联网国防运用实验"（DEUCSI）项目的一部分，实验的最终目标是"初始能力原型化"，使天基互联网服务能够在遥远北极地区的恶劣条件下工作。

2021年，OneWeb的"全球连接平台"（Global Connectivity Platform）实现了初始运行能力。这是一个安全、韧性的解决方案，有望为–40℃、北纬50°以北作战的远征部队提供高速、低延迟、经济可负担的宽带连接。

（二）俄罗斯

俄罗斯近年来不断加强北极地区军事存在，俄罗斯北方航道一直受俄军保护，其北方舰队联合空天军、海军陆战队和特种作战部队经常开展演习，以保障俄罗斯北极地区重要工业设施和经济利益不受损害。俄罗斯总统普京于 2020 年批准的《2035 年前俄罗斯联邦北极国家基本政策》称，俄罗斯强化北极军事部署是因为俄方面临国家安全挑战，并将提高北极各兵种部队战斗力，完善空中、地面、水下综合控制能力。

为加强北极地区通信保障，俄罗斯在 2019 年就宣称要将卫星通信覆盖到整个北极地区，这将对北极地区部署军队决策能力的提升具有跨时代意义。2019 年 7 月、2020 年 2 月，俄罗斯分别发射了"子午线"M8 和 M9 两颗大椭圆轨道军民两用通信卫星，实现了对极区的覆盖。"子午线"是俄罗斯武装力量指挥控制系统的通信段，主要为北冰洋区域的船舶和飞机以及西伯利亚和远东地区的地面站提供通信业务。

此外，俄罗斯卫星通信公司亦准备订购 4 颗名为"快车"–RV（Express–RV）的高椭圆轨道通信卫星，计划 2024 年发射，可将 Ku 波段覆盖到北纬 76°以北，以满足俄罗斯和整个北极地区固定和移动用户对卫星通信服务的需求。这 4 颗"快车"–RV 卫星是俄罗斯正在建设的"球体"卫星星座的一部分。"球体"系统将由数百颗卫星组成，用于提供全球通信和互联网接入服务，与 OneWeb 和"星链"等系统进行竞争。

五、启示与思考

在以偏远、气候恶劣和大气现象闻名的极地地区，可靠、韧性的通信连接对任何军事行动都至关重要。北极地区通信能力对于保障各国在该地区的影响力非常关键，大国竞争时代，必须发展和装备可快速部署的通信和数据网络，为本国在该地区的态势感知、防御和威慑能力提供保障，以保持对能力强大的对手的信息优势。

考虑到北极冰融速度的不确定性，在北极地区为军用宽带卫星通信服务构建专用星座费效比较高，而与商业运营商合作是近期比较合理的方案。

商业领域在北极通信上已走在了前面。为地球上最缺乏网络的北极地区提供快速、稳定的通信网络连接，将极大提升在该地区进行科学研究活动的数量和采集数据的精准度。同时，这些项目也极具军事应用价值，很多项目正在与军方合作，为军方开展北极地区军事活动提供通信保障。依托商业力量构建军用北极通信能力是低成本、高效的解决方案。在商业卫星上搭载军用托管有效载荷，或研发军用终端对 OneWeb、SpaceX 等公司的低轨道商业宽带互联网服务加以利用，是为北极圈活动的武装部队提供安全、韧性、低延迟宽带连接的极佳选择。依托商业力量构建军用北极通信能力，有利于军方保持技术先进性，降低研发采购成本，缩短研制周期，以最快的速度满足最迫切的军事需求。

（中国电子科技集团网络通信研究院　唐宁）

DNA 数据存储技术走向实用

2021年,美国在 DNA 数据存储技术领域取得一批实用性成果,开始向实用化迈进。DNA 存储技术的数据存储密度远超传统磁、光介质,且存储介质更稳定、数据更安全,是应对数据量持续飞速增长的有效技术方案之一,特别是在海量数据存储、机密数据存储与传递等方面,具有巨大军事应用前景。

一、概述

互联网时代的兴起,以及物联网、人工智能、虚拟现实、自动驾驶等新技术的应用导致了数字化数据的飞速增加。据美国咨询公司 IDC 预测,到 2025 年,全球将生产 163 泽字节的数据。目前,对数字化数据存储的需求已经超过了现有的储存能力,并且随着数据的指数增长,这种差距将越来越大。因此,研发高容量、高密度并且能够承受极端环境条件的数据存储介质势在必行,而 DNA 存储则成为众多科技公司探索的新方向。2019 年 7 月,世界经济论坛发布《2019 年十大新兴技术》报告,DNA 数据存储

（DNA Data Storage）入选其中，表明该技术具有重大社会与经济潜在效益，也具有颠覆性，有望开启数据存储的未来。2021年5月，美国通过《无尽前沿法案》，授权在未来5年内加大美国的科研产业化投资，其中合成生物学被列入十大关键技术领域之一，尤其是涉及DNA合成的关键技术和装备的自主研发。

与传统介质相比，DNA数据存储的优势包括：一是数据密度大、占地小，理论上1克DNA可存储455艾字节数据量；二是DNA特殊的双螺旋结构使其性能十分稳定、存储时间长，在干冷条件下可保持数万年以上，常温下可保持几百甚至上千年；三是能耗低，常温保存时基本不需要电力。此外，DNA与信息存储有众多相似之处：均按一定顺序编码存储信息；均用符号注明信息段的起始点与终止点；均引入纠错码确保信息的完整性。基于以上特点，DNA数据存储应运而生，该技术的发展对于节省存储资源及推进大数据存储发展具有重要作用。

自然界中，由A、T、C、G这4个核酸碱基组成的DNA承载了所有生物体的遗传信息。DNA存储以DNA生物大分子作为介质，按照一定的编码策略将文本、图片、声音和视频等信息转化为相应的DNA序列，借助生物合成技术合成相应的DNA分子在体内或体外加以存储，利用DNA分子的特异性杂交技术或磁珠分离技术访问数据。DNA存储的一般流程如图1所示，主要包括以下6个步骤：

（1）编码：将0、1二进制信息编码为由A、T、C、G组成的DNA序列。

（2）合合：利用各种高通量技术合成编码信息的DNA序列。

（3）存储：选择合适的载体（体内或体外）将合成的DNA序列进行存储。

(4) 检索：利用 DNA 碱基配对的特异性杂交，同特定的引物序列提取 DNA 分子。

(5) 测序：对提取到的 DNA 分子进行测序得到 DNA 序列。

(6) 解码：根据解码规则将 DNA 序列中的信息复原。

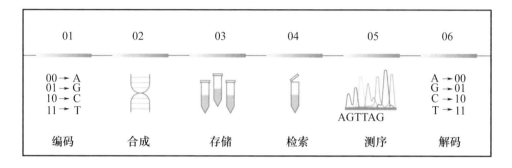

图 1　DNA 数据存储流程

二、发展动向

（一）积极布局，推动基础技术与应用研究并行发展

DNA 存储技术具有解决未来社会因数据量激增引发的一系列挑战的潜力，已成为科技强国纷纷研究的热点。

国家层面。美国在 DNA 存储技术方面的研究一直处于世界领先地位，政府层面也高度重视该技术的发展，主要由国家科学基金（NSF）、国立卫生研究院（NIH）、国家情报高级研究计划局（IARPA）和 DARPA 提供资金支持，先后启动了"分子信息学"（Molecular Informatics）、"分子信息存储"（MIST）等项目，旨在开发可部署的存储技术，利用 DNA 存储取代传统存储方式。英国政府也注意到 DNA 存储技术的应用潜力，资助 Goldman

等科学家成立专门的公司,用于研发下一代DNA存储技术。此外,以色列、爱尔兰、法国和日本等国也纷纷开展了DNA存储方面的研究工作。

研究机构层面。美国哈佛大学是全球最早开展DNA存储技术研究的科研机构,积累了丰富的研究成果;华盛顿大学的DNA存储技术也处于世界领先地位。此外,美国的加州大学、约翰霍普金斯大学、伊利诺伊大学、劳伦斯伯克利国家实验室、哥伦比亚大学和纽约基因组中心,欧洲生物信息研究所,法国的查尔斯–赛德伦高分子研究所和艾克斯–马赛大学,爱尔兰的沃特福德理工学院和瑞士的苏黎世理工学院等高校或科研机构均开展了DNA存储技术的相关研究并纷纷取得突破性成果。

(二) 关键技术取得突破

2021年,DNA存储在编码、合成、存储和检索等方面接连取得突破性发展,有望解决技术层面上面临的成本、效率和不稳定问题,将极大地缩短DNA存储技术迈向实用化的进程。

1. 实现DNA存储自适应编码解码

2021年4月,在IARPA"分子信息存储"(MIST)计划支持下,美国洛斯阿拉莫斯国家实验室开发出自适应脱氧核糖核酸存储编解码器(ADS Codex),可将数据文件从计算机文件转化为DNA代码,即将数字二进制(0和1)文件转换为分子存储所需的4个字母遗传代码(A、C、G和T),以将大量数据存储在DNA分子中。该设备使用DNA存储,通过DNA合成将二进制文件编码成分子,成本更低、存储密度更大、更节能且容易复制,无需维护也可存活数百年。

DNA编码常常会遇到了两种困难:一是与传统的数字系统相比,DNA编码的错误率要高得多;二是与第一个困难紧密联系在一起,即难以纠正已发生的错误。为了克服这一问题,ADS Codex增加了错误检测码,可以最大限度地减少错误，更容易纠正转换过程中的潜在问题。当此数据被转换为二进制数据时，由编解码器检查异常，如果检测到任何异常，则从链中添加和删除字符，直到数据被验证为止。

该技术提供了一种更经济高效存储海量数据的方法，对 DNA 的编码和解码是 MIST 计划的关键部分，其他研究团队正在完善该计划的 DNA 合成和测序部分。目前，洛斯阿拉莫斯团队已经完成了 ADSCodex 的 1.0 版本，并计划在 2021 年末使用其来评估其他团队开发的存储和检索系统。

2. 实现碱基对高效合成

目前，DNA 存储数据的大小主要受 DNA 合成成本的限制，这也是 DNA 存储的一个主要障碍。根据目前的 DNA 合成成本，在 DNA 中存入 100 万吉比特数据，花费的成本将达到惊人的 1 万亿美元。这意味着要与目前主流存储技术竞争的话，DNA 合成的成本需要下降大约 6 个数量级才行。但有专家表明，预计这种成本下降在一二十年内就会实现，类似于过去几十年在闪存上存储成本的下降速度。

美国 Twist Biosciences 公司是 DNA 合成领域的行业领军者，其专有技术是高通量硅平台，能够实现 DNA 合成所需化学物质的最小化，将反应体积减少 100 万倍的同时，产量增加 1000 倍。继 2021 年年初首次公开了尺寸为 1 微米的芯片后，Twist Bioscience 宣布成功在其开发用于数据存储的 DNA 芯片上合成了 200 个碱基对的寡核苷酸，包含 300 纳米的 DNA 合成纳米孔，这是目前在 1 微米的硅基芯片上所能合成的最长的 DNA。

此次突破是使 DNA 存储迈向商业化应用的关键一步，Twist 认为，真正的商用芯片至少需要将 1 微米缩小至 150 纳米。有分析师称，1 微米存储芯片的价格大约为 1000 美元/吉字节。150 纳米芯片的最终目标是使数据存储能够达到 100 美元/太字节左右。这也是 Twist 的下一步计划。目前实验室已经可以做到将文字、图片、歌曲甚至电影写入 DNA 中，并完整读取出来。Twist 也与艺术团体"Beyond Earth"合作，计划将艺术作品写入 DNA 中，并于 2022 年前发射进太空。

3. 改善存储信息检索速度

除了成本高昂之外，使用 DNA 数据存储数据的另一个主要瓶颈是存储后难以从大量文件中快速检索并挑选出想要的文件。为了解决这个问题，美国麻省理工学院和 Broad 研究所的一个研究团队开发了一种检索技术，能够实现快速、准确地检索储存在 DNA 中的数据文件。

2021 年 6 月 10 日，该团队在《自然》子刊上发表论文，提出了这种解决方案，即创建了一个基于 DNA 的图像存储系统，它介于"文件系统"和"基于元数据的数据库"之间，可以成功地将图像和文本编码为 DNA 保存，然后将每个数据文件封装到一个 6 微米直径的二氧化硅颗粒中，并用可显示内容的短 DNA 序列进行标记，从而能够识别检索保存的 DNA 数据文件。通过这种方法，研究团队实现了 1 千字节/秒的搜索检索速度，目前来看，这一速度仍然太慢，但研究团队表示，现阶段这种方法可以用于存储那些需要长期保存但不经常访问的数据。

三、结束语

DNA 数据存储技术正在迈向实用化。作为一种新型的数据存储分子媒介，DNA 仍处于起步阶段。事实上，要实现大规模应用，仍然需要重大突破。但考虑到 DNA 合成、测序等相关技术的快速发展，对解决数据爆炸问题具有很好的发展前景。未来任何事物都可以作为 DNA 数据库的载体，这可能会对数据管理、物联网、区块链等领域产生深远的影响。

DNA 数据存储技术具备广阔的军事应用前景。未来多域作战对海量信息的存储、处理与传输提出了更高要求，需要信息在时间和空间上实现最大限度的共享与利用，从而充分发挥信息的价值。DNA 数据存储技术具备高密度、强稳定和可复制等特征，当应用于信息处理与共享系统时，将使得战场指挥员能够实时准确地掌握复杂战场情况，快速高效地处置战场上出现的各种问题。一方面，未来战场来自海、陆、空、天及网电的多域信息资源纷繁冗杂且呈井喷式增长，DNA 数据存储技术有助于存储战场上生成的海量异构数据，从而掌控战场信息权；另一方面，战场信息在传输过程中易被损坏或者被干扰窃取，无法安全可靠地进行战场信息融合处理与共享，DNA 数据存储技术可解决这一挑战，通过将军事机密信息转化成 DNA 信息，只有通过密钥测序解码后方可获得正确且完整的信息。

（中国电子科技集团第十研究所　郭敏洁）

DARPA"像素智能处理"项目分析

2021年5月,DARPA发布"像素智能处理"(In – Pixel Intelligent Processing,IP2)项目招标公告,研发边缘智能图像处理技术,通过在成像传感器的像素网格层和处理器内嵌入人工智能算法,实现目标探测与跟踪。该项目是DARPA"人工智能探索计划"(AIE)的一部分,旨在加速第三代人工智能技术的应用。

一、项目背景

该项目研发的边缘智能图像处理技术旨在将人工智能嵌入到战术边缘的成像传感器中进行图像处理,以此降低带宽和功耗,满足实时情报处理的需求,具有时延小、效率高的优势。现有边缘智能图像处理技术无法高效处理高性能图像传感器产生的海量数据,因此在理论可行的基础上,DARPA发起了此项目,主要原因包括以下几个方面。

(一)传感器数据复杂,处理功耗和时延大

大格式、高帧率、高动态范围的图像传感器产生了海量数据,不管是

军事领域还是商业领域的图像数据产生速率已经超过30吉字节/秒，未来几年可能会达到100吉字节/秒。这种情况下，将数据从传感器传输到处理单元将耗费大量的功率，并且时延较大。已有的解决方案是通过近传感器处理、边缘处理或宏像素处理（直接在传感阵列下面处理像素组）将处理单元移动到传感器附近，尽管数据移动的距离缩短了，但数据复杂度并没有降低，而且由于处理是在数据移动后执行的，所以功耗和时延仍然过大。

（二）现有嵌入式人工智能解决方案影响精确性

先进人工智能算法所需的参数量和内存容量通常与输入维度成正比，并且随着精度要求呈指数级增长。为了适应这一庞大的数据流，当前先进的深度神经网络需要数亿个参数进行数百亿次操作，才能产生一个精确的人工智能推理。由于功率和时延限制，当前的解决方案与传感器边缘的嵌入式处理不兼容，从而导致用于移动边缘的嵌入式视觉感知解决方案放弃了先进的精确性，选择了符合大小和功率要求的略微精确的解决方案。

（三）已有的研究基础支撑项目可行性

仿真表明，理论上可以创建新的像素级神经网络架构来识别单个像素内的显著信息，并以较低功率降低数据复杂性。形成网格后，这种新的神经网络处理层可以执行仿生算法，进行生成多像素之间的关联。英伟达公司已经展示了在视频会议平台上将带宽减少至十分之一的新算法，实现了新的人工智能功能，如降噪、图像调整、不进行眼神接触的参与者的视频重建等。此外，DARPA联合大学微电子项目的最新研究表明，在视频数据流中创建结构可以使硬件专业化、效率更高并获得处理第三波人工智能感知模型的新功能。

二、项目主要内容

（一）项目目标

IP2 的研究目标是提升深度神经网络在功率受限传感平台上的精确性和功能性，开发与像素级网格处理层相匹配的人工智能算法，将神经网络前端引入传感器像素，并将智能算法注入传感器边缘的数据流。项目旨在实现高效和嵌入式的第三代人工智能，开发一种新的网格层神经网络硬件，将神经网络的前端直接引入传感器像素中。这种神经网络将极大降低数据流复杂性，提升人工智能处理效率和功能，并且不会影响精确性。

目标 1：用神经网络降低数据处理复杂度。IP2 寻求创新的方法将神经网络前端引入像素，在数据产生的源端识别显著信息并将复杂视频数据的维数和带宽降低到原来的十分之一。这种神经网络前端识别效率高、时延小，只向后端神经网络处理器传递显著信息，与后端神经网络处理的反馈相结合可形成智能循环数据流。

目标 2：将循环神经网络用于后端嵌入式计算。IP2 将开发在 FPGA 处理器上实现的面向任务的闭环算法，使计算复杂度降低到原来的十分之一。通过对维度的处理，对数据流进行智能编码。

（二）研究内容及关键技术指标

IP2 将使无人系统能够借助高精确性的边缘人工智能处理自动做出决策，实现预测跟踪、异常检测和自主响应。项目研究内容包括智能算法开发与电路设计、硬件仿真两方面。

1. 智能算法开发与电路设计

开发面向任务的前端人工智能算法，并在全高清帧上训练神经网络架构，使维数和数据带宽减少到原来的十分之一，并设计能够运行这些算法的像素内神经网络电路；在 FPGA 处理器或其他嵌入式计算平台上实现循环神经网络算法，使网络和面向任务的反馈控制到网格层的操作减少到原来的十分之一。

2. 硬件仿真

设计一个像素内的网格（百万像素或更大）硬件仿真，在全高清帧上执行前端人工智能算法（数据稀疏和降维），演示模拟 250 毫瓦/百万像素全格式传感器的可编程像素级电路，将前端人工智能算法实例化，输出到后端人工智能处理（表1）。

表 1　IP2 关键技术指标

显著性	维数/数据带宽	像素功率	后端循环神经网络操作	能量延迟积（EDP）节约量	精确性	吞吐量
TP > 90% FP < 10%	减少到原来的十分之一	250 毫瓦/百万像素	减少到原来的十分之一	>20 倍	维持最高	100 百万像素/秒

（三）发展计划

项目分为两个阶段，第一个阶段为期 9 个月，主要开展可行性研究（基础）；第二阶段为期 9 个月，开展概念验证（备选）。整个项目不超过 18 个月，每个阶段的合同金额不超过 50 万美元。

三、应用前景

IP2 提出了一种创新的边缘图像处理新思路，在前端将人工智能算法嵌入成像传感器像素层，在后端将循环神经网络嵌入 FPGA 或其他计算平台，使处理效率至少可提高一个数量级。该项目是美军提高边缘情报处理能力的重要尝试，具有良好的应用前景。

（一）实现机载实时处理，进一步缩短杀伤链

现代战争中，高效精确的战场情报是决定胜负的关键因素，无人机侦察现已成为战场情报的主要手段。通常，无人机获取的图像和视频需要通过数据链和无线网络传输到地面控制站，由情报人员进行筛选、判读和标注等处理后才能生成可用的情报。但这种做法无法满足现代战场对情报处理的实时性要求。虽然美军已经开始尝试以吊舱的形式为无人机配备处理能力（如"敏捷秃鹰"），但从传感器像素层移动到吊舱处理单元同样需要耗费机上大量的功率并产生时延。IP2 项目将人工智能技术应用到成像传感器像素层和嵌入式硬件处理层，可实现真正意义上的机载实时处理，不仅可以直接支撑目标探测与跟踪，还可以将处理后的关键数据传给火控单元进一步缩短杀伤链。

（二）推进无人侦察载荷小型化，赋能蜂群侦察

近年来，无人机在世界范围内得到了空前的重视和发展，尤其是微小型无人机，以其体积小、重量轻、成本低、高性能等特点得到了广泛的关注与迅速的发展。然而，无人机的能力主要由各种类型的任务载荷决定，受到平台功耗、体积和重量的严格限制。对于军用无人机而言，每减轻 1 克重量都会提高其作战能力，因此机载任务系统的小型化具有非常重要的意义。IP2 项目利用人工智能技术优势，在不增加硬件设备重量的基础上可使无人机具备机载图像处理能力，这种技术实现方式也可应用于其他类型的机载传感器处理，能显著减少无人侦察载荷对平台体积、重量的需求。对于无人蜂群而言，这是一种变革性的能力，蜂群可不再依托云处理技术，蜂群内的任意无人机都可自动寻找、识别目标，通过实时共享目标情报信息可以发挥出更大的作战效能。

（三）推动机载侦察无人化，实现智能感知

当今世界军事波谲云诡，大国之间摩拳擦掌，局势一触即发。在近年发生的多次局部冲突中，各国将无人化力量发挥得淋漓尽致，武器装备向智能化、无人化发展的趋势愈发明显。2020年纳卡冲突中土耳其造TB-2察打一体无人机大显身手，2021年巴以冲突中以色列首次在实战中使用了无人蜂群，这两次局部战争中无人机已经成为主力并充分展示了在战场监视和精确打击方面的战术价值。IP2项目开发的边缘智能处理技术为无人平台注入了智能感知能力，使得无人侦察机在不与地面处理系统交互的情况下就能自主进行目标探测与识别，降低了暴露风险，体现了比有人侦察机更高的应用价值。可以预见，IP2项目将对未来无人侦察机大规模应用产生重要的影响，有望替代有人侦察机执行从战略侦察到战术侦察的各种任务，为指挥官提供信息优势。

（中国电子科技集团第十研究所　陈祖香）

美军传感器开放式体系架构标准研究

2021年9月27日至30日,国际开放式组织召开了传感器开放式体系架构(SOSA)联合会成员视频会议,会后发布了首套开放式体系架构军用传感器和电子战系统标准——SOSA™ 参考体系架构技术标准1.0版。该标准有望成为美军在光电/红外、信号情报、电子战和通信系统的新标准,通过采用模块化设计和非专有标准,确保与SOSA相一致的技术具有互操作性,为实现传感器"即插即用"铺平道路。

一、SOSA标准发布背景

传统上,传感器研发以"烟囱式"模式为主,存在交付时间长、改进过程烦琐、缺乏兼容性、可重构性差、重复开发浪费资金等诸多问题。随着传感器和任务系统的复杂性持续增加,其开发成本与周期进一步增加,阻碍了将新硬件和软件或其他有效载荷高效集成到平台系统中,影响了军事传感器系统快速部署能力。此外,当前传感器采办因缺乏相应标准,致使主机平台能力降级时不能及时实现公开采购或升级元器件,从而影响了系统作战能力。为应对上述问题，美国陆、海、空三军与国防工业领域开展合作，寻求开发 SOSA 解决方法。

2017 年，美国空军生命周期管理中心、美国陆军航空项目执行办公室、美国海军航空系统司令部，以及洛克希德·马丁、雷声和罗克韦尔·柯林斯等共同出资成立 SOSA 联合会，同时吸纳众多军工企业与民企加入，致力于创建一个可操作和可负担的生态系统。通过开发可复用、快速集成、易于升级、快速交付的模块化硬件、软件、电气/机械组件和接口，并对其进行移植等，以提高任务弹性，从而为美军通信、光电/红外、电子战、雷达和信号情报系统，开发支持陆海空天域应用的开放式体系架构。SOSA 标准尽可能利用现有标准，通过修改、复用和增强来改进 SOSA 体系架构，以实现既定目标。

此外，SOSA 标准与开放式任务系统/通用指挥和控制接口（OMS/UCI）、硬件开放式系统技术（HOST）、模块化开放式射频体系架构（MORA）、联合通用体系架构（JCA）、传感器开放式系统体系架构（SOSA）、未来机载能力环境（FACE）和 C4ISR/EW 互操作性车辆集成（VICTORY）等互为补充、互为参考，是美军开放式系统标准库的核心成员，也是美军目前及未来优先发展的关键技术。

二、SOSA 标准的特点

美军参照 ANSI/VITA、ARINC、DoDAF、STANAG 4586、VICTORY、REDHAWK 框架和战术开放架构等标准和规范，并以 FACE 体系架构标准为模型开展 SOSA 标准研发。其典型特点如下：

（1）互通性。系统与系统之间可收发相同的数据/信息，并能采用数据/信息交换有效地协同工作。SOSA 系统能在运行期间交换信息，实现与其他不符合 SOSA 参考体系架构的系统互操作。

（2）安全性。可防止更改功能、篡改关键程序信息或逆向工程等操作，阻止未经授权的个人或系统访问 SOSA 系统内的数据/信息，同时确保基础体系架构具有最小的攻击面和有效的身份验证，并能适应不断变化的威胁环境。

（3）模块化。所采用的系统或元件由单独不同的物理和功能单元组成，这些单元与接口边界松散耦合。在 SOSA 中，支持建立定义完善良好、易理解、标准化的系统模块。

（4）兼容性。SOSA 系统与其他非 SOSA 系统和谐共存，不会发生冲突或损害；或者与同类型的其他开放式体系架构标准系统集成，确保 SOSA 系统能够与其他开放式体系架构标准的系统或与 SOSA 技术标准早期版本的系统兼容，并能集成。

（5）可移植性。将系统的某一个或一组硬件或软件从一个物理环境或计算环境中移植到另外的新环境时，可实现复用。在 SOSA 环境中，该特性是指基于 SOSA 研发的硬件和软件无需修改，即可在其他基于 SOSA 的环境中使用。

（6）即插即用性。在 SOSA 环境中，系统能快速识别出新引进或替换的 SOSA 模块，并能通过信息交换学会和使用模块提供的功能和服务，过程中无需人工配置或系统操作员干预，显著降低增加新 SOSA 模块对成本和进度的影响。

（7）可升级性。系统在不进行基本物理、逻辑或体系架构改变的情况下实施改进、增强或升级。SOSA 系统能将指定功能的硬件或软件单元替换成更先进或更有能力的功能单元，同时能保持 SOSA 一致性，且不对系统的其余部分进行（重大）改动。

（8）可扩展性。系统在负荷增加、扩大或是对其需求增加时，仍能保持良好状态和运行；系统在规模或环境发生变化时，也能保持正常运行，满足任务需求。针对传感器多样性，是指 SOSA 架构能容纳多种传感器，仅受特定设计限制的约束；针对平台规模，是指 SOSA 架构可广泛用于从小型到大型侦察机，甚至能用于航天器平台。

（9）弹性。在自然或人为、无意或有意的系统中断或系统饱和情况下，系统仍能继续或恢复正常运行，且在功能发生降级时仍能保持有效。SOSA 系统能在物理损坏、电子干扰或网络攻击等各种威胁下，依旧保持正常运行。

三、SOSA 标准涉及的关键技术

SOSA 的核心思想是全面系统、模块化、开放式，即通过在装备平台、组件、武器系统中采用通用的标准和接口，实现以更低成本快速采办新型系统或升级现有系统。

（一）系统管理

SOSA 体系架构对传感器及其各个传感器组件（如模块、硬件单元）采用整体方法进行系统管理。系统管理器模块负责实现整个 SOSA 传感器系统、硬件和软件以及安全控制管理。系统管理功能包括发现（识别和获取与 SOSA 传感器及其传感器组件通信所需的信息）、配置（获取传感器、组件和安全控制的详细描述、读取和配置参数以及更新软件包）、控制（监控和设置传感器及其模块的控制参数，如模式和状态，执行控制操作，如重置）和安全管理（监控系统以检测和应对网络安全异常和威胁）等。这些传感器组件可以是受管理或不受管理的。受管理的传感器组件可通过 SOSA 系统管理架构定义的功能和接口对其进行监督，不受管理的传感器组件则由不通过 SOSA 系统管理架构定义的功能和接口进行监督。

SOSA 系统管理体系架构解决方案如图 1 所示。图中的系统管理器负责为受管理的 SOSA 模块和电源、网络交换机等硬件元件提供系统管理功能。通过定义良好的 API 和传感器组件消息集，可以管理这些系统组件并与之交互。SOSA 系统管理架构提供带内和带外管理功能。带内管理是 SOSA 系统管理的主要机制。带内管理要求网络在线、正确配置并按预期运行，通过 SOSA 消息互连实现管理功能。系统管理器和受管理的 PIC、SOSA 模块和基础设施（如符合 SOSA 技术标准的电源和网络交换机）直接支持带内系统管理功能。带外管理是指即使 SOSA 消息交互处于脱机状态、配置不正确和/或未按预期运行，以致系统管理器和一个或多个网络节点之间的消息失效时仍可有效管理。

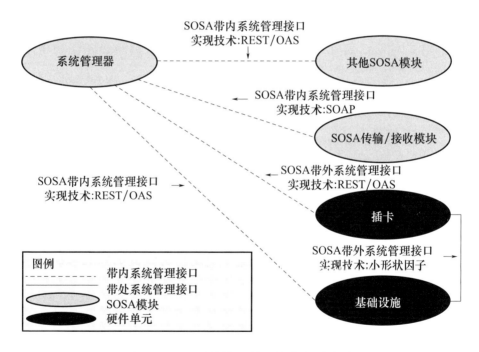

图 1　SOSA 系统管理体系架构解决方案

（二）SOSA 系统接口

SOSA 标准明确界定了一个模块化传感器体系架构，SOSA 架构由一组松散耦合的模块化单元组成,这些单元通过底层 SOSA 基础架构的逻辑接口实现交互。模块化单元间具备互操作性,且无论是在硬件、软件还是固件中均保持一致。在可移植软件中,SOSA 模块利用应用程序接口实现交互。SOSA 模块通常以明确界定的非专有接口进行互操作,实现 SOSA 传感器的互连支持标准交互。

该架构具有定义良好的外部电气、机械和软件接口。体系接口给出了 SOSA 传感器系统的物理/硬件系统以及互连的性质。SOSA 标准涉及外部接口和内部接口。SOSA 单元的数量取决于特定的 SOSA 传感器。单个 SOSA 传感器可安装在 SOSA 主机上,主机可以是吊舱、平台,也可以是两者合一;多个 SOSA 传感器也可安装在同一个 SOSA 主机上。

(三) 安全管理

SOSA 体系架构具备安全可靠、灵活、模块化、分散布局的特点,能适应不断变化的威胁环境。该体系架构尽可能使用标准安全组件,且能适应不同机载(车载)传感器组合,并可采用不同级别的软硬件安全措施,以达到不同安全级别的要求。

SOSA 以体系化方式解决架构安全问题,而不是独立地看待各项安全规则(如防篡改、网络安全、供应链风险、软件保障等)。在 SOSA 传感器中,所有组件(硬件、软件或固件)都以易于更换、能互操作为核心要素,因此需要一种实体来确保体系的安全态势。这种实体称为安全管理器,在系统启动时,安全管理器对系统的各组件进行身份验证,以确定系统的安全状态。其中的安全服务模块负责控制所有传感器保护功能,包括软件/数据完整性检查、控制访问、敏感数据归零、管理密钥、审计、安全基础、环境检查和响应操作;加密/解密模块负责所有加密功能,如加密和授权解密。此外,安全管理器还要与安全服务模块进行通信,以进行密钥交换并报告状态(成功/失败);保护/跨域服务模块负责在安全级别相同或不同的单独且安全的节点间传输数据,并防止数据泄露。

(四)传输/接收技术

SOSA 采用了模块化开放射频架构(MORA)标准的部分内容,用于调节器-接收器-激励器和发射器/收集器模块。MORA 通过添加低延迟传输机制、数据流接口、新消息类型、管理操作和确定射频应用的功能概念,延伸了互操作性的范围。

接收/传输主要由调节器-接收器-激励器和发射器/收集器两个 SOSA 模块实现,这两个模块称为 RF 信号层,支持基于感知模式的图像和射频信号,能共同执行从射频信号到数字信号的转换,完成信号接收;将数字信号转换为射频信号,完成信号传输。

在接收任务中,调节器-接收器-激励器模块负责校准、信道化、图像格式、元数据标记、数据成帧等;在信号传输时,负责包括波形生成、校准和频谱适应。发射器/收集器模块负责电磁能量与电信号之间的转换,执行接收、传输功能或两者兼而有之,包括电子转向装置、波束形成和聚束控制。在接收和传输过程中,信号将被放大、滤波、频移、分配和信号域转换(ADC 和 DAC)。

四、SOSA 标准的应用

SOSA 标准应用的最典型例子是美国陆军的 C^4ISR/EW 模块化开放标准套件(也称 CMOSS)。CMOSS 提供带有许多卡槽的机柜,而不是将每个传感器、计算或电子战单元安装在车辆上;通过灵活插入 VPX 卡(即 VITA 46 标准板卡)来增加新功能,或换卡以升级系统性能。若某元器件出现故障时，只需购买同一标准的元器件并将其安装在 CMOSS 机柜中即可解决。目前，市场上已有许多支持 SOSA 的产品，如 Elma 电子公司研制的 3U 信号板，可用于 VITA 67.3 接口的定时和射频连接；Pentek 公司研制的 5553 型 3U VPX 板卡，采用了第三代 RFSoC FPGA，支持 SOSA 技术标准；水星公司的 3U OpenVPX LDS3517 单板计算机可支持更广泛互操作性和技术复用。

此外，SOSA 标准还广泛应用于嵌入式计算领域，其中的典型应用是美国空军研究实验室的"敏捷吊舱"项目，验证了多功能情监侦可配置开放式体系架构开发平台的概念。目前，美国空军正在使用"敏捷吊舱"项目验证 SOSA 体系架构的某些要素和最终集成到实战现场平台中的标准。未来，SOSA 体系架构有望大规模用于无人机、无人车、无人潜航器和立方星等微小卫星中。

五、结束语

SOSA 作为美军开放式体系架构标准库的核心成员，不仅是支撑未来联合全域作战的关键技术之一，更是未来美国防采办项目的基础。此次正式发布 SOSA 标准 1.0 版，将提升美军的传感器系统复用、快速集成、系统重构、快速交付等能力，加强体系作战跨域协同能力，突破各武器系统间的壁垒、实现互联互通互操作。此外，SOSA 标准采用模块化设计和开放式体系架构，打破了先前许多平台与系统的专属设计局限，将促进行业竞争与创新，为武器系统快速采办与交付奠定坚实基础。

（中国电子科技集团第十研究所　车继波）

美军网络化多任务雷达技术成功开展演示验证

美国海军研究实验室 2021 年 7 月 29 日披露,该实验室已完成"灵活分布式阵列雷达"(FlexDAR)的安装,并开始利用位于马里兰州切萨皮克湾和美国国家航空航天局沃洛普斯飞行设施(位于弗吉尼亚州)的雷达节点进行演示验证。已经验证的 FlexDAR 的关键能力包括低的天线副瓣电平、多个同时产生的独立接收波束、多个同时子孔径、分布式雷达跟踪,以及数据吞吐等,证实了 FlexDAR 在探测距离、跟踪精度、电子防护等方面具有显著优势。

一、项目背景

FlexDAR 项目在美国海军研究局(ONR)资助下,2012 年启动,是"集成顶端"(InTop)和"电磁机动战指挥控制创新海军原型机"(EMWC2 INP)计划的一部分。

在 InTop 计划之前,ONR 已经启动了先进多功能射频(AMRFC)、多功能电子战(MFEW)项目,这些计划针对水面舰艇雷达、通信、电子战等射频功能越来越多给舰船上层结构设计带来的挑战，开发综合射频系统，解决舰艇射频隐身、电磁干扰、成本增加、后勤保障等问题。

AMRFC 项目 1998 年开始，2004 年结束，采用独立的发射阵面和接收阵面，以及通用信号处理和数据处理装置，在 6～18 吉赫射频范围内，实现了雷达、通信、电子战多功能多任务一体化设计。MFEW 项目 2004 年开始，2008 年结束，演示了可执行多种电子支援功能的能力，包括高概率侦听、精确方位搜索和特殊发射器识别，展示了对其他射频系统集成的能力；系统采用模块化、开放式架构，以胜任不断增加的电子战功能。

InTop 计划 2008 年启动，在 AMRFC 和 MFEW 项目的基础上，构建一系列处理多功能射频系统的样机/技术验证项目，包括多波束电子战/信息战/视距内通信样机、FlexDAR、潜艇和水面舰船的联合卫星通信系统、资源分配管理和基础设施开发（LLRAM&ID）模块等。

FlexDAR 项目旨在搭建软件化雷达平台，验证单元级数字波束形成（EEDBF）天线阵列，与网络协调和精确时间同步结合在一起所形成的新质能力，包括同时多功能系统、分布式 MIMO 协同探测等。与 AMRFC 和 MFEW 项目相比，FlexDAR 利用单元级数字波束形成技术，首次以子阵形式同时实现多功能；利用网络协同和精确时间同步，首次实现分布式信号级协同探测。

为验证 FlexDAR 先进概念，FlexDAR 项目开发了以下 4 个方面的关键技术：全数字 T/R 组件（单元级数字化），数字化覆盖整个雷达带宽；发射接收全数字波束形成，同时形成多个独立的波束；高度集成化 T/R 组件，降低部件数量和成本，改进 RF 链路"平坦度"，降低阵面校准复杂度；分布式时钟/本振，与低漂移 GPS 时间标准锁定，实现雷达-雷达时频同步，并集成多个本振来提高系统相位噪声/杂散。

FlexDAR 项目总体技术开发由海军研究实验室（NRL）领导，负责阵列需求分析,以及雷达后端开发;后端开发包括信号处理、跟踪算法、网络协同、用户界面等。雷达前端由雷神公司负责,基于 NRL 提出的需求,生产、集成,并测试两套相控阵前端。

二、系统构成与特点

(一)系统构成

FlexDAR 验证系统由两部雷达组成,每部雷达天线包含 1008 个天线单元,收发采用 GaN 放大器件。试验中,一部雷达位于马里兰州切萨皮克湾,另一部雷达位于弗吉尼亚州的美国国家航空航天局沃洛普斯飞行设施,二者相距约 130 千米(图1)。两部雷达通过多条高速光纤以太网进行连接,通过一条模拟信号提供公共时钟信号。

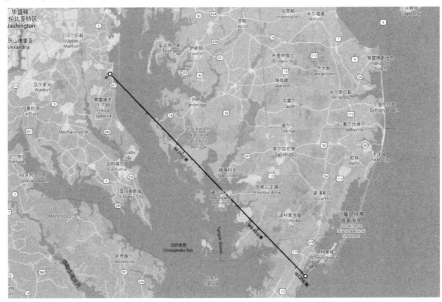

图 1　两部 FlexDAR 雷达性能验证时的分布

(二) 性能指标

FlexDAR 雷达性能指标如表 1 所列，ONR 资助的另一项 S 波段雷达验证机（Horus）与 FlexDAR 雷达非常类似，开发周期也与 FlexDAR 雷达吻合，技术上与 FlexDAR 雷达通用（图 2）。Horus 雷达由美国奥克拉荷马大学先进雷达研究中心开发，车载部署，双极化，单元级数字阵列，GaN 收发器件。

表 1　Horus 雷达性能指标

频段	S（2.7~3.1 吉赫）	总功率	10.24 千瓦
技术体制	全数字阵	带宽	15%
极化	水平+垂直	动态范围	86 分贝
单元数量	1024（分布于 16 个面板）	交叉极化	-40 分贝
单元功率	10 瓦	电扫范围	±45°

(a) FlexDAR 雷达　　　　　(b) Horus 雷达验证机

图 2　FlexDAR 验证系统

(三) 作战能力

根据 ONR 的需求，FlexDAR 将在一系列实验中，验证以下能力。

目标探测方面，显著改善探测距离、覆盖范围和杂波抑制能力。2 部雷达的探测距离增加到 1.4 倍，覆盖范围增加到 2 倍。4 部雷达的探测距离增加到 2 倍，覆盖范围增加到 4 倍。通过极化分集、增加信噪比和无杂散动态范围（多个 ADC 和 DAC），改进杂波中目标探测性能。

目标跟踪方面，通过同时多基地波束驻留改进跟踪性能。FlexDAR 多基地同时发射和接收，改进航迹连续性、跟踪精度，提高对机动目标、密集编队目标的跟踪能力，提高目标识别能力。

多功能方面，同时完成雷达、通信、电子战多种任务。FlexDAR 通过多基地干扰机三角定位和极化分集，提高电子防护能力；在双基地模式下，支持辐射控制条件下的作战，提高雷达生存性能；雷达间通过开放空间交换探测数据，降低或消除对外部数据链路的需求。

目前，FlexDAR 雷达的能力正在验证过程中，根据 NRL 发布的消息，2021 年 7 月的试验中，测试了两套分布式部署的 FlexDAR 雷达的天线副瓣电平、多个同时发射接收波束、多个同时子孔径、分布式雷达跟踪、数据吞吐等，验证了 FlexDAR 探测距离、跟踪精度、电子防护等方面的性能。

两套 FlexDAR 系统将在未来数月和数年中，对其他 FlexDAR 概念进行开发和验证，包括分布式雷达概念等。

三、几点认识

FlexDAR 的主要功能是作为 S 波段雷达，完成立体空域搜索、精确跟踪、导弹制导、电子战任务（包括电子支援、电子攻击和电子防护），FlexDAR 验证系统还可完成空中交通管制、气象监视、导航等任务。除了用于舰载雷达，FlexDAR 作为一种技术实验平台，可应用于陆、海、空、天多种平台，作战场景包括防空、反导、空间目标监视等，应对无人机、弹道导弹、高超声速导弹等威胁。FlexDAR 同时多功能、分布式协同探测、软件化设计理念将对后续雷达系统产生深刻影响。

一是实现雷达、通信、电子战同时工作，功能集成度达到新层次。雷声公司 2021 年 2 月 16 日向 NRL 交付实验阵列后公布，FlexDAR 组合数字波束形成、网络协同和精确时间同步，可在单一阵列同时完成多种任务，如监视、通信、电子战，是相控阵雷达系统开发的新高度，将实现多任务雷达的愿景，改善军事通信的性能。单一阵列同时实现多功能，与单一阵列分时实现多功能，或多个阵列同时实现多功能相比，一体化推进到新的层次，象征着一体化水平发展到新高度，意味着资源利用效率更高，作战效能更强。

二是实现信号级分布式协同探测，首次将多功能一体与信号级分布式协同组合。FlexDAR 验证了 MIMO 技术体制下分布式阵列的信号级协同，实现了分布式雷达技术的最先进水平。2018 年 7 月开始，雷声公司在 ONR 的资助下，开始验证 FlexDAR 雷达在单元级数字波束形成、组网协同和精确时间同步赋能条件下，MIMO 工作模式对改进舰艇目标探测、跟踪和电子防护性能的效果。分布式 MIMO 探测在 NIFC – CA 和 CEC 协同探测技术水平上更进一步，探测过程中，通过相参或非相参积累，可实现信号级协同探测，提高能量利用效率，大幅增加探测距离，对反导、反隐身、反高超，以及提高雷达生存能力具有极大的意义。

三是首次应用软件化架构设计，为后续验证新功能打下基础。FlexDAR 采用软件化雷达理念设计制造。系统采用开放式系统架构，雷达前端和后端采用开放标准进行制造，系统构成模块化，规模可缩放，接口全数字，形成全软件定义的平台，方便为 FlexDAR 验证新的功能，是下一代雷达的孵化器。通过这两套软件定义平台，FlexDAR 系统将在未来数月和数年中，对其他概念和工作模式进行开发和验证,包括分布式协同探测、雷达通信一体、雷达电子战一体等,探索新功能,迭代优化系统性能。

(中国电子科技集团第十四研究所 韩长喜)

美国雷声公司推出全球首款无人机载火控雷达

2021年9月,美国雷声公司推出一款紧凑型机载有源相控阵(AESA)雷达系统,具备重量轻、尺寸小、价格低的特点,旨在为以无人机为代表的低成本作战平台提供火力控制能力。该类装备很可能将真正意义上为无人战斗机装上"空战锐眼",有效提升对空探测效能,有助于全面赋能有人机-无人机协同空战能力,很可能将对未来空战样式产生巨大影响。

一、装备概况

雷声公司于9月21日正式公布该紧凑型雷达系统,采用有源相控阵体制,拥有900个T/R组件。该雷达最大特点在于其有效控制了系统的重量和尺寸,其全重约为59千克,尺寸约为71厘米×37厘米(28英寸×14.5英寸),重量仅为当前主流机载AESA火控雷达的三分之一,同时其成本也仅为后者的二分之一。雷声公司声称,该雷达探测性能已达到并超过诺斯罗普·格鲁曼公司的APG-83雷达水平(装备美军F-16、F-18

等主力战机)。表1展示了APG-83雷达参数情况,可作为紧凑型雷达性能指标的参考。

表1 APG-83雷达技术参数

参数名称	指标
工作波段	X波段
工作方式	空空:边搜索边测距,边扫描边跟踪,近距离格斗,低概率截获 空地:合成孔径雷达成像,地面动目标指示,地面动目标跟踪,SAR/MTI,聚束式SAR成像
天线形式	有源相控阵
天线尺寸	尺寸可变
扫描范围	方位覆盖140°,俯仰覆盖±70°
探测距离	最大探测距离:120千米
扇形扫描	自适应
目标处理(扇形)	最多20个目标,跟踪6个目标,处理4个目标
冷却方式	液冷
质量	150千克

通过有效控制该雷达的尺寸、重量和功率与成本(SWaP-C),这种具备经济可承受、轻量化特点的雷达可广泛配置于教练机、无人机和直升机系统,具备广大的潜在市场。雷声公司认为,该雷达"低成本、高性能、高适装性"的特点非常契合美军当前重点发展的可消耗型无人机系统的装备需求,美国空军研究实验室(AFRL)为"天空博格人"项目开发的低成本、可消耗性"无人僚机"(造价200万~300万美元)是该型雷达的重点市场目标(图1)。

图1 装备紧凑型雷达的"无人僚机"想象图

二、关键技术

从技术上看,雷声公司推出的这款雷达系统采用开放式系统架构,可实现快速能力升级,可根据不同作战平台、不同作战功能的需求将其T/R组件数量从900个增加至2400个,根据需要大幅提升探测效能。此外,该雷达应用氮化镓(GaN)宽禁带半导体技术,并通过先进封装方法将数字化T/R组件及其处理器实现高效整合,能够在控制重量、尺寸的同时,实现对远距离目标的精确探测、识别和跟踪。值得注意的是,出于减轻雷达重量的需要,该雷达摒弃了散热性能更优的液冷技术,而是采用独特的风冷设计,这是针对雷达性能和重量指标的一种权衡取舍,对雷达发射功率造成了一定的限制。

(一)开放式系统架构

开放式系统(OSA)架构目前已广泛应用于美国各型武器的研制生产

中，其标准定义为：通过对接口、服务和支持形式等采用充分定义的、广泛使用的、公众支持的非专利规范，以完成系统功能的物理和逻辑实现。传统模式中由于开发架构缘故，顶层设计不够规范，对局部模块的改变会对其他功能模块造成影响。而开放式架构应用模块化设计，可对目标模块采用新技术、新算法进行升级，不会对其他模块产生影响，从而可有效提升整体效能。

在雷达应用方面，林肯实验室于20世纪90年中期就提出了雷达开放系统架构（ROSA），并在雷声公司早期承担的新型三坐标远程雷达3DELRR（后项目中止）中进行了应用。可以推断，雷声公司紧凑型雷达项目很可能应用了此前该公司在ROSA上的技术积累。在ROSA这种开放式架构下，通过对硬件设备重组和软件系统重构，将显著改进雷达功率、孔径及处理运算能力，并可对雷达功能进行再定义，添加更多功能，实现雷达资源利用最大化。

（二）GaN宽禁带半导体技术

该型雷达采用的GaN宽禁带半导体技术是目前美国雷达设计的主流，其他采用GaN技术的雷达装备还包括E-2D预警机、AMDR防空反导雷达等。宽禁带半导体技术可显著提高雷达发射功率，在节能的同时增强探测效能，具备良好的线性工作能力，能够满足多功能雷达在侦察、电子对抗、通信、导航等不同状态的要求。

宽禁带半导体在雷达系统中的应用主要具有以下优势：

（1）大幅提高雷达发射机的输出功率和功率密度。在现代战争中，雷达系统应具备对隐身飞机、导弹、无人机等低雷达截面积目标的探测能力，需要较大的雷达功率孔径积。以GaN为代表的宽禁带半导体具备高功率、高击穿场强等特点，大幅提高雷达功率孔径积，满足这方面的作战需要。

（2）提高工作频率和工作频率带宽。宽禁带半导体具备高工作频率、宽频带的特点，能够提高雷达的工作带宽和瞬时信号带宽，对实现低截获概率雷达，增强雷达抗干扰能力，对实现高分辨率测量与目标识别有重要意义。

（3）提高发射机效率。发射机效率越低，耗散功率越高，对于发射机冷却设备的功率要求越高，这将在提高设备成本的同时，增加系统耗电量。提高发射机效率将能够在总功率有限的情况下，提高发射输出功率，增强雷达探测能力。

（4）提高发射机环境适应性。对于雷达发射机而言，功率晶体管是其核心部件。当晶体管温度过高时，会引起晶体管失效，降低雷达系统可靠性。以 GaN 为代表的宽禁带半导体晶体管具备良好的耐高温特性和较高的热传导率，能够有效提高发射机环境适应性，解决系统可靠性问题。

三、分析研判

（一）从作战角度看，该装备是目前已知的首款无人机机载火控雷达，将有效拓展无人机作战任务池，很可能改变未来空战形态

目前现役无人机机载雷达大多为合成孔径雷达，其主要功能为对地/对海成像和地面动目标指示（GMTI），主要用于执行战地实时侦察任务。而雷声公司开发的紧凑型雷达首次为无人机提供了获取空中目标火控级别数据的能力，这将使"无人机空战"成为可能，拓展了无人机任务域。

该雷达一旦装备美军全力推动的"无人僚机"系统，无人机在实战中可进行突前部署，在诱使敌方目标暴露的同时，利用其机载火控雷达实施对空探测，将获取的目标火控信息回传后方有人机，有助于有人机在安全

距离外做出决策、发射武器,并可对己方其他平台发射的导弹进行"接力制导",这大大拓展了战场杀伤链攻击范围,有效提升有人/无人协同的战场效能,真正做到"先敌发现,先敌决策,先敌打击"。值得注意的是,随着智能自主技术的不断发展,装备火控雷达的无人机系统很可能将具备"自主空战"能力,对未来空战产生颠覆性影响。

(二)从装备特征角度看,"低成本、高性能、高适装性"将成为无人机机载火控雷达的关键考虑因素

通过美国马赛克战等热门作战概念内涵可以看出,各种类型的低成本、可消耗无人系统将作为构建物理/功能高度分散、灵活机动、动态协同"杀伤网"的重要组成单元,是获取高作战效费比的重要抓手。

因此,作为无人机载火控雷达,应具备"低成本",以实现无人机整机价格可控;应具备"高性能",尽可能提升探测距离和精度,满足现代战场对强态势感知能力的需要;应具备"高适装性",通过开放式架构实现"孔径可大可小,能力可强可弱"以满足不同类型无人机的作战配置需求。

(三)从技术发展角度看,共形化设计、综合射频、分布式信号协同很可能将是未来无人机载火控雷达的关键赋能技术

尽管该型雷达有诸多创新点,但仍没有脱离传统机载火控雷达设计框架。虽然雷声公司号称此紧凑型雷达已达到了 APG－83 雷达的技术水准,但考虑到无人机平台对雷达重量/尺寸、T/R 组件数目、散热能力的限制,其真实性能尚不可知。从技术发展角度看,雷达共形、综合射频、分布式信号协同很可能是能够让无人机机载雷达发生"质变"的重要手段。

通过共形化设计,将雷达孔径集成在无人机机身上,可在大幅度减小无人机的重量、体积、阻力和目标识别特性的同时,将天线单元部署于无人机平台表面的任意位置,摆脱了传统阵列天线单元集中于机鼻或顶部特

定区域的限制，可从根本上改变天线的形状和尺寸，有效提高高频段 AESA 的作用距离和探测精度。

通过多功能综合射频技术，将赋能无人机系统具备对威胁目标（包括电磁静默目标）预警探测、侦察识别、敌我判断、电子干扰等多种作战能力，通过统一的资源管理和调度，实现各种功能协调工作，并且利用有无源信息融合实现精确目标识别，通过有无源相互引导，实现先敌发现、先敌干扰、先敌摧毁。

通过分布式信号协同技术，可基于广域网络连接，通过对共用功能单元的参数和信号的联合设置，实现包括无人机在内的多平台雷达信号级协同，将不同作战单元孔径的发射和接收信号分别进行空间功率合成，获得 N^3 倍合成增益（N 为雷达单元数），并可根据作战需要，随时调整探测单元的部署数量，具备探测威力可控、鲁棒性强、机动性佳的特点，可作为无人机未来分布式态势感知能力的重要技术支撑。

（中国电子科技集团第十四研究所　张昊）

美军开展雷达电子战协同作战试验

2021年9月9日,诺斯罗普·格鲁曼公司宣布其"下一代电子战"(NGEW)系统在美国空军"北方闪电-21"演习中完成与SABR机载火控雷达协同试验。

一、试验情况

演习中,NGEW系统与SABR雷达搭载一架试验飞机,在由Volk战备训练中心的"联合威胁辐射器"(JTE)生成的高密度复杂射频信号环境中,雷达探测多个空中和地面目标并引导武器系统成功将其摧毁;NGEW系统在强干扰射频环境中,对空中和地面170多个威胁进行了检测、识别,根据威胁特征,按需使用先进干扰技术对威胁实施了干扰。参与此次试验的装备包括:

(一)NGEW系统

NGEW系统由诺斯罗普·格鲁曼公司开发,包括雷达告警接收机、天线、处理器、数字频率存储器、干扰机等部分。采用开放式系统架构和超宽带设计，与 SABR 雷达互通，可搭载于机舱内部，也可以吊舱形式携带。计划装备 450 架 F-16 战斗机，除了 F-16 战斗机，NGEW 系统还可用于几乎所有机载平台，计划 2027 年部署。其特点如下：

（1）系统规模灵活缩放。开放式架构设计，规模可缩放，可根据需要增减功能模块，适应不同强度的任务需求。

（2）告警干扰一体化。雷达告警接收机与干扰机一体化设计，大瞬时带宽，具有全频段雷达告警、威胁识别和电子干扰能力。

（二）SABR 雷达

AN/APG-83 雷达由诺斯罗普·格鲁曼公司开发，与 F-35 雷达存在 95% 的技术共用，用于替换 F-16 等战斗机雷达（图 1）。采用有源相控阵技术体制，天线单元由 65 个模块组成，具有搜索、跟踪、SAR、ISAR 等工作模式，可实现目标截获、精确跟踪、目标识别、导弹制导。具有以下特点：

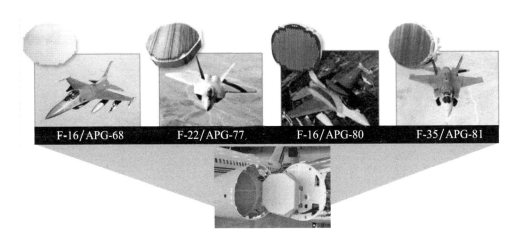

图 1　AN/APG-83 雷达利用的技术来源

（1）探测能力强。最大探测距离 120 千米，最大交战距离 84 千米，可探测最多 20 个目标，跟踪 6 个，攻击 4 个。

(2)抗干扰能力突出。考虑未来作战强电子对抗环境,采用宽带、有源电子波束、信号处理等抗干扰措施,在空空作战和空地等模式具有鲁棒的电子防护能力。试验中,SABR 雷达在高对抗环境中,探测多个空中和地面目标,并成功交战,验证了 SABR 雷达电子干扰抑制能力。

(3)自动化程度高。SABR 雷达可生成宽幅高分 SAR 图像,称为"BIG SAR",最大分辨率 0.3 米,为飞行员提供目标区域细节和数字地图,信息处理系统自动搜索 SAR 地图,精确定位目标,进行分类识别,筛选出高价值威胁目标,显著降低飞行员工作负荷(图 2)。

图 2　APG-83 高分辨成像

此次演习演示了雷达与电子战系统"完全的脉冲到脉冲、多功能互操作",验证了雷达精确识别和电子战敏捷干扰的协同能力。

二、分析研判

演习中,SABR 雷达与 NGEW 系统基于完全互操作,演示了"从脉冲到脉冲"的协同,实现雷达精确识别与电子战的敏捷干扰。

基于雷达-电子战协同的多种层次,以及新闻报道中频繁出现的"精确识别""敏捷干扰""完全互操作"等词,推测此次协同可能包含如图3所示的形式。

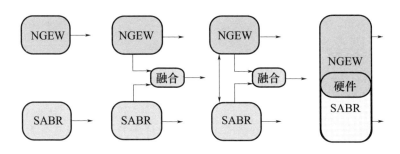

图3　SABR雷达与NGEW的四类协同推测

(1) 时频协同。利用时频统一共享,规划雷达、电子战的分时工作,这是最基本的雷–电协同。

(2) 处理协同。雷达、电子战独立工作,两者接收信号输出至任一处理机进行统一处理和综合,进行检测、关联、估计、分析,快速、准确、连续、全面地提供战场态势信息,提高对威胁目标识别可信度。

(3) 探测/识别协同。①探测协同:NGEW 系统的告警接收机在宽带侦收状态,截获空中目标后,引导 SABR 雷达搜索截获,推远探测距离;基于 NGEW 的辐射源定位,引导 SABR 对定位中心区域进行对地成像,实现精确定位;②识别协同:SABR 雷达基于窄带探测目标,一方面提供目标数量与参数,另一方面基于宽带信号,开展一维成像、匹配分析,共享 NGEW 系统,推理判别雷达型号,降低识别模糊度,基于既定策略进行精准干扰;③干扰协同:NGEW 告警接收机测定辐射源方位,SABR 使用猝发脉冲进行定向干扰。

(4) 硬件共用。基于雷–电的开放式架构和宽带数字多波束,实现雷达–电子战的高增益天线、宽带接收、宽/窄带波形生成器、数据/信号处理等硬件互用。例如，NGEW 系统连接 SABR 的高增益天线阵列，提高 NGEW 的接收灵敏度；SABR 雷达利用 NGEW 处理机进行雷达数据处理等。

三、影响意义

此次演习表明，依托开放式系统架构、数字波形等技术，可协同提升雷达的精确识别与电子战的敏捷干扰能力，对于提高战场感知和博弈对抗能力具有重要意义。

推动电磁频谱战概念落地。电磁频谱战强调对电磁频谱的利用和控制，突出用频设备的协同。演习中，NGEW 系统与 SABR 雷达的协同体现了全域联合作战、智能作战思想，将推进电磁频谱战概念落地。

协同增效，一体赋能。雷-电协同可避免彼此的频谱干扰，实现优势互补，协同增效。"当电子战系统和雷达一起充分工作时，飞行员可以利用雷达和电子战的能力优势，而不是彼此寻找平衡。"

协同深化，集约赋能。演习中使用"从脉冲到脉冲"协同，协同层次深入到信号级，将提升一体化系统的技术成熟度和资源集约度。

（中国电子科技集团第十四研究所　韩长喜）

美国空军持续探索 GPS 拒止环境下的全源定位导航技术

2021 年 4 月,美国空军战略发展规划与试验办公室与海军合作,在科罗拉多州森特尼尔空军基地成功完成传感器敏捷吊舱(AgilePod)在 GPS 拒止环境下与基于"机会信号"的全源定位导航(ASPN)技术的集成飞行试验。此次试验是基于美国国家定位导航与授时(PNT)战略体系,将开放软件体系架构与视觉导航、机会信号和磁异常导航等 PNT 技术相结合,探索研究 GPS 拒止环境下的基于联合作战的新型精确导航和授时的理念和应用。

一、基本情况

(一)研发背景

美军作战平台获取精确定位和导航服务的手段以 GPS 为主,惯性导航或其他导航传感器为辅。GPS 信号微弱、易受干扰,传统导航则基于特定环境设计和应用,皆难以满足现代复杂、多变、高强度的战场对抗需求。全源定位导航技术旨在提供一种 GPS 拒止环境下的高精度 PNT 解决方案,可根据不同的应用环境和任务需求，基于统一方法和架构，灵活快速配置多种导航传感器，采用可靠的组合滤波及最优估计算法，融合处理多源数据并进行特征库匹配，最终形成一种全自主的 PNT 解决方案。

（二）发展过程

为实现全源定位导航技术，2011 年，DARPA 启动 ASPN 项目，旨在基于全源导航技术原理为复杂拒止环境下的海陆空多型作战平台提供不依赖 GPS 的精确 PNT 服务。

ASPN 项目分三个阶段进行。第一阶段始于 2011 年，重点研究导航系统架构、抽象方法及多型异构导航传感器融合滤波算法；第二阶段始于 2013 年，重点开发实时导航算法和生产系统原型样机，并在基于尺寸、重量和功耗（SWaP）的原型样机上完成算法演示与评估；第三阶段进行全系统演示验证工作。据开源信息，ASPN 已完成了单兵、"斯特瑞克"战车及海军舰艇等平台的演示验证。

（三）试验设备

基于在空中平台验证 ASPN 技术，美国空军在飞行试验中采用了情报、监视与侦察（ISR）敏捷吊舱，该吊舱由一系列长度为 28～60 英寸不等的 30 英寸^2 的舱室组成，具有小型化、低成本、自主可靠、灵活配置的特点。吊舱采用开放自适应体系架构，通过与各种传感器技术快速集成，实现了 PNT 能力的实时验证和评估。图 1 示出了美国空军微型敏捷吊舱的模块化体系架构。

美国空军在 RQ–4"全球鹰"无人机、MQ–9"收割者"无人机、U–2S"龙女"间谍机、DC–3 和 RC–26 侦察机、德事隆"天蝎座"轻型喷气机上对敏捷吊舱进行了集成试验，验证了其可集成和兼容 ASPN 技术模块，以及新型 PNT 技术与平台集成的可靠性。

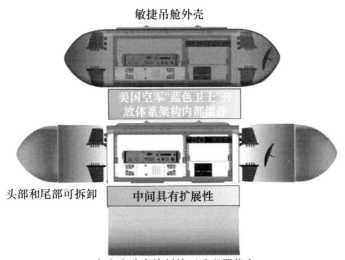

图 1　美国空军研制的微型敏捷吊舱的模块化体系架构

另外，以开发 PNT 专用敏捷吊舱原型系统为目的，2021 年 11 月 1 日至 10 日，美国空军通过 T－38C 训练机挂载设备完成了 8 个架次的飞行试验，共实现了三项重要目标：一是首次高动态平台集成试验；二是基于全远程接口及可替代 PNT 数据传输；三是基于陆上/水上能力转换演示。据美国空军 2021 年 5 月发布的"2022 财年预算"文件显示，美国空军为"生命周期原型设计"申请了 2.047 亿美元，其中包括为后续机载平台开发 PNT 专用敏捷吊舱原型系统。该系统将支撑空军对可靠 PNT 和导航战以及基于弹性无人机系统导航的空战指挥的需求。

二、技术应用

通过 PNT 专用敏捷吊舱，美国空军可以灵活使用激光测距、磁力计、图像、光电等和惯性导航、卫星导航等多源异构导航传感器数据进行融合，并与已有红外、雷达、多光谱成像、电光稳瞄等设备综合处理,同时利用电视、广播和移动基站等非导航信号以及闪电等自然现象产生的机会信号(SoOPs),通过最优解算法实现自主和精确 PNT 服务,满足空中平台的精确 PNT 服务和应用要求。

根据收集的资料显示,美国空军已经完成了视觉导航、机会信号、图像定位系统(IPS)的飞行验证,并且正在对地磁导航的应用可行性进行评估。下面分别介绍相应技术的试验验证情况。

(一) 视觉导航

视觉导航(VBN)通过建立地形特征或地标数据库,匹配机载传感器实时跟踪数据,获取空中平台的位置、速度和高度。

2017 年,美国空军基于 ASPN 原理样机开发试验设备,并将其集成到传感器吊舱中,在 GPS 拒止环境下进行了基于视觉导航技术的飞行试验。试验结果表明,视觉导航技术可以为 GPS 拒止环境下的战斗机提供 PNT 服务。试验结果如表 1 所列。

表 1 基于视觉导航的 ASPN 传感器吊舱试验结果

序号	试验环境	测试结果
1	不同的飞行速度和高度	飞行高度低于 4570 米时,VBN 定位精度为 10.4 米;云底上方飞行时,因无法目视地面造成系统性能降低;云层飞行时 VBN 不可用,但可获得其他传感器的位置修正量,定位精度保持在 42.1 米
2	水面飞行	水面飞行 17 分钟时,通过 VBN 算法可重新恢复导航能力,在 30 秒内将累积的 3 千米导航漂移误差减少至 15 米
3	长波、中波和短波红外传感器的导航性能。	试验采用各种光谱波段收集到的数据集对 IR 传感器的导航性能进行分析。结果表明,即使采用现有的 IR 图像与可见光卫星图像数据库进行匹配,导航精度也可达 5~15 米。验证过程中,有些货架 IR 传感器分辨率较低使其导航性能略差,而不同光谱波段的传感器进行匹配并不影响系统导航性能

另外，雷多斯公司曾利用 S-3B 维京式反潜机的传感器吊舱进行了多次实时飞行验证试验，以验证其自主开发的视觉导航架构和算法，实现数米级的高精度匹配能力和数百或数千米级的广域搜索能力。

经上述验证，视觉导航作为卫星导航系统的特定备用手段，在 GPS 拒止环境下性能优于惯性导航系统。

（二）图像定位

图像定位（IP）使用诸如光电/红外摄像机等机载成像系统的可观测值，结合参考图像和数字高程模型（DEM）来计算用户位置。维思研究协会有限公司（VRA）设计了图像定位系统（IPS），能够为动态接收机提供实时的位置、速度和姿态的导航状态估算。

2019 年，美国空军将 IPS 模块集成到敏捷吊舱，参与"作战长矛Ⅱ"飞行试验。结果显示，该系统能够提供平均约 10 米的三维定位精度。

在多次飞行测试过程中，IPS 通过嵌入式设备生成实时姿态估计信息，以超过 1 赫的速率分发至多型作战平台。另外，通过美国空军技术研究所自主导航技术中心研发的"蝎子"框架融合 IPS 观测数据与其他导航观测数据，为敏捷吊舱系统提供了实时的可替代导航信息。IPS 还在试验中验证了基于因子图的同步定位和制图（SLAM）算法，可实现实时图像标定。

（三）机会信号

机会信号是利用空气中自由传播的如 Wi-Fi、电视信号、射频识别技术（RFID）、蜂窝网络等进行辅助定位的技术，通过计算平台与这些信号间的相对距离，结合初始位置即可确定平台实时位置。

2021 年 4 月，美国空军将"机会信号"模块内置于敏捷吊舱，进行了 6 次飞行测试，成功验证了其在多种环境下的集成应用。

但是,"机会信号"具有局限性,需要精密天线和处理设备,且只有在人口密集的地区才能收到信号,公海、无人居住的沙漠或极地无法使用。

(四) 地磁导航

磁异常导航(MAGNAV)是使用机载磁强计或磁场传感器测量空中平台飞行时地球磁场的变化,并与地磁场图进行比较,实现平台相对磁异常位置定位的技术。

2020年,美国空军联合麻省理工学院研究利用地磁场为飞机等提供导航。结果显示,地磁导航定位精度可达10米。尽管该指标低于GPS的3米精度,但是信号不易被干扰。

基于地磁导航无源、无辐射、全天时、全天候、全地域、能耗低、抗干扰等特点,美国空军装备司令部正在对其进行评估,并拟开展与敏捷吊舱的集成飞行验证。

三、存在问题

通过上述美国空军ASPN技术飞行试验,目前存在如下问题:

一是大量传感器信息整合,系统架构和处理算法复杂化问题。由于各种不同的导航方式都存在自身缺陷,如惯性导航技术的精度随误差累积漂移,卫星导航系统易被攻击和干扰,视觉导航技术会受到高度、速度和应用环境的影响,机会信号在偏僻区域无法使用等。因此,ASPN需要合理可靠的结构和算法软件融合多种传感器源信息,其算法的处理复杂度将显著提升。

二是多源传感器信息融合,导航系统最优配置问题。由于ASPN系统传感器根据应用环境和任务需求实时动态进行配置,涉及具体场景时,会依据环境变化重新配置导航系统算法和体系结构，使得如何综合利用所有可用导航传感器，从而发挥每种可用导航系统的优势特点，仍然是未来需要进行技术突破的关键点。

三是融合算法软件的有效性、兼容性和可拓展性问题。由于多源导航传感器涉及图像、位置、时间以及多种传输手段的复合定位，涉及时空配准、图像识别、信息关联、滤波估计、特征分类等多个具体的数据处理问题，因此未来需通过导航器件与系统数据库的最优组合，整合可利用资源，实现导航系统在多种应用环境下各种导航信息的无缝融合与容错；提高系统计算效率和鲁棒性，使系统能够感知工作环境的变化做出相应调整，从而提高系统的可扩展性。

四、作用影响

（一）体系支撑层面：全源定位导航技术是美军 PNT 体系可用性、完好性和鲁棒性的重要支撑

根据 2019 年 8 月的公开版《定位导航与授时体系战略》，美国国防部欲通过统一的 ASPN 框架，采用模块化开放系统方法实现武器平台的多源 PNT 能力集成。联合部队可根据任务类型"定制"适合行动任务的多个 PNT 源，使用标准的输入/输出接口与空军、海军、陆军或其他军兵种的 PNT 融合设备连接，为联合部队提供导航战所需的弹性 PNT 能力。从中可以看出，ASPN 框架是实现多源 PNT 能力集成和应用的基础，也是 PNT 体系可用性、完好性和鲁棒性实施的重要保障。图 2 示出了基于 ASPN 技术的框架在美军未来综合 PNT 体系中的地位。

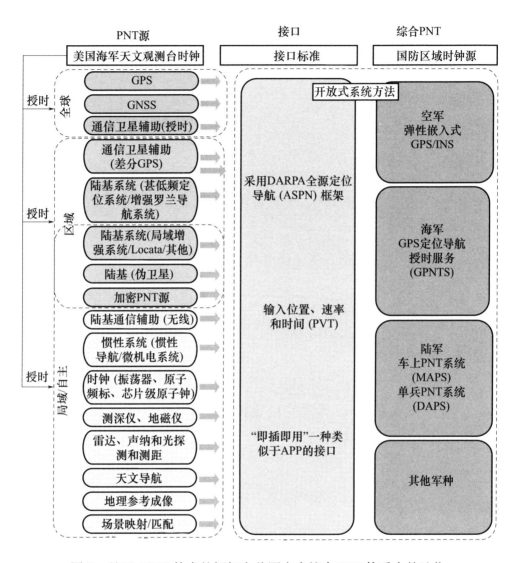

图2 基于ASPN技术的框架在美军未来综合PNT体系中的地位

(二)技术发展方面:全源定位导航技术是全面解决卫星导航拒止环境下多平台高精度PNT问题的有效手段

ASPN技术可在复杂动态环境中提供高精度PNT服务,以"高精度微惯性系统+高精度时钟"为核心,减少外部位置修正;增加不同类型的

GPS可替代源，引入外部测量数据和导航数据库；通过ASPN统一接口和框架，采用通用融合算法，形成多传感器组合的全自主PNT解决方案。其在某些情况下能力将超越GPS，在未来战场的智能武器、定位、瞄准、导航和制导等领域将发挥巨大作用。图3示出了ASPN技术在未来PNT装备的应用。

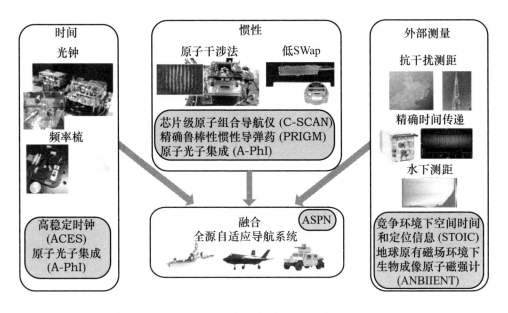

图3　ASPN技术在美军未来的PNT装备的应用

（三）装备应用方面：全源定位导航技术是系统应用多种复杂环境精确定位导航服务的有效选择

由于ASPN技术充分利用全球、区域、自主等多层次多类型的导航源，可在不同的环境中采用多种应用模式充分验证每种导航系统的性能，多样化地选择和使用的PNT源策略，这为在特定条件下基于ASPN架构和算法形成定制装备创造了技术基础，也为基于敏捷吊舱的快速PNT服务生成提供了实现手段。

五、结束语

ASPN 技术集成了各种类型的传感器,能够满足任意环境下的导航需求,并以即插即用方式集成各类传感器满足各型平台的使用需求。通过美国空军的相关试验,已经初步具备了 GPS 拒止环境下的精确 PNT 能力,是未来导航技术发展的趋势,将大幅提升导航系统的环境适用性和可靠性,成为未来 PNT 体系的重要标准。

(中国电子科技集团第二十研究所　魏艳艳)

欧美加速推进导航战实施应用

美欧2021年在导航战（NAVWAR）的实施应用方面均取得了一系列进展。美国陆军于2021年3月宣布批准《导航战态势感知能力简要发展文件》，使得导航战在态势感知作战应用方面迈出了重要的一步。欧盟于2021年7月提出了《基于弹性天基PNT和卫星通信的导航战态势感知计划》，意味着导航战即将从应用走向系统工程，同时发布了欧盟防务基金项目征求书《陆基和空基导航战监视》，对项目实施部分进行了重点描述。导航战在欧美两地的实施应用标志着其开始从作战概念向实施应用过渡，并最终向系统工程应用。

一、背景和基本思想

现代战争中卫星导航系统是实现精确打击的重要依托手段。美军的各种武器平台和军事系统都在大量配备GPS接收模块，在作战中高度依赖于GPS提供的精确位置和时间信息。因此，基于卫星导航在作战中越来越重要的作用，美军提出了导航战的概念，并将其定义为：阻止敌方使用卫星导航信息，保证己方和盟友部队可以有效地利用卫星导航信息，同时不影响战区以外区域和平利用卫星导航信息。导航战主要涉及自主导航技术和导航拒止技术的综合应用，这与 PNT 弹性框架的应用有关。

导航战实质是争夺 PNT 源的控制权，美军导航战的基本思想是：首先是要确保 GPS 卫星导航系统正常运行，使美军及其盟友使用 GPS 不受干扰，进而掌握 PNT 优势；其次是阻止敌军在战场上使用 GPS，同时确保敌方的卫星导航系统遭遇干扰而不能正常工作；最后是尽量将民用 GPS 用户受影响程度降到最低。欧盟在导航战发展上沿袭美军的发展思路。北约在 2013 年 4621 号条例中定义导航战的主要作用是防止对手恶意使用 PNT 信息，保障北约部队不受阻碍地使用 PNT 信息，并使这些信息在行动区域外和平使用。通过集成美军相关的发展思路，欧洲的导航战逐渐走向了一条外部依靠美国，内部独立自主，以俄军为竞争对手的发展模式。

二、美国发展情况

导航战提出多年来，初期一直处于概念研究阶段，最初为解决功防两端卫星导航使用问题，提出一些亟需解决的关键技术，包括射频干扰检测技术、前端滤波技术、抗干扰滤波技术、天线增强技术和空时自适应技术等。

2018 年 12 月 27 日美国国防部发布了《定位、导航、授时和导航战》4650.08 指令，并在 2020 年 12 月 30 日进行了更新，其中明确了导航战中各个层级指挥官的职责，并明确了导航战在各个层面上的基本符合性确认，其中包括 PNT 的需求、PNT 信息源、开放系统架构以及测试/确认部分，如图 1 所示。

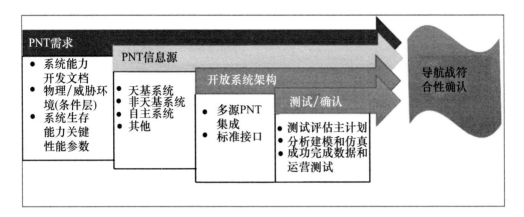

图1 导航战基本合规性确认流程

同时在该指令中定义了导航战 PNT 的等级、符合条件和能力，如表1所列。

表1 导航战等级和能力描述

等级	符合条件	能力
0	低－无需精准 PNT 完成的任务	无特殊的 PNT 防护－未经认证的商用 GPS SPS，SPS 模式下的未知军用 GPS 接收机，任意 GNSS 开放式服务，或者 DoD 先前未曾考虑和接受使用的其他 PNT 源
1	中－无需精准 PNT，在稍稍降低性能的情况下（速度较慢，武器选择减少，有一些间接伤害）完成的任务	有限的 PNT 访问－P（Y）和 M 码密钥设备，其他可信信号（有认证）或可用的可接收机会信号
2	高－无需精准 PNT，在降低性能情况下（速度较慢，精确武器选择有限，间接伤害、误伤）完成的任务	竞争环境下有可靠 PNT－有独立 PNT 源的 M 码或 P（Y）码密钥接收机，经 DoD 和 MOA 授权的国外 GNSS，或经批准的地面射频导航信号
3	非常高－无需精准 PNT，在性能极低情况下（速度极慢，无精确武器可用，间接伤害/误伤的紧急危险）完成的任务	恶劣环境下有保证的 PNT－全球定位系统（GPS）M 码或 P（Y）码密钥接收机（假定使用了辅助技术和 AJ 增强功能）或在其有效性能范围内工作的独立 PNT 源

2019年7月,在美军的"联合导航会议"上,重点关注了GPS战场的应用进展,其中通过会议推演,展示了PNT的战斗能力的实用性、GPS拒止情况下网络导航如何使用等问题。图2为美国海军设想的在GPS拒止情况下,利用卫星、CEC链、MIDS链进行相对定位的基于导航战的作战应用。

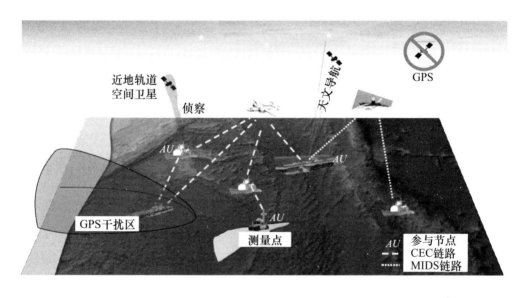

图2 GPS拒止情形下的舰艇作战应用

近两年,导航战的发展变得具体,首先将解决作战网络内部设备的态势感知能力。2021年3月25日,美国陆军可靠PNT跨职能团队宣布批准《导航战态势感知能力简要发展文件》(A-CDD)。该文件验证了作战需求,并为作战人员提供了试验和快速原型能力,将其定义为陆军现代化的一项重点工作,并从故意状况、紧急和突发状况两个方面阐述了导航战的需求。A-CDD作为陆军未来作战的标准,将加快导航战相关技术的开发,简化相关作战流程和系统生成定义过程。

三、欧盟发展情况

继承美军建设导航战态势感知的思路，集合欧洲实际，欧盟于 2021 年 7 月也提出了具体的实施计划，考虑提供高达 5000 万欧元的资金，开展名为基于弹性天基 PNT 和卫星通信的导航战态势感知计划，欧洲导航战能力的建成将有助于成员国身处作战行动或任务期间，在欧盟领土和其他地区不受限制和持续地使用"伽利略"卫星导航系统。结合计划，欧盟防务基金项目发布了《陆基和空基导航战监视》征求书，对导航战未来的活动和功能需求进行了描述（图 3）。

图 3 "陆基和空基导航战监视"项目界面

征求书将针对以下发展方向进行研究：

（1）通过天基和陆基导航战监视系统，支持 GNSS/公共监管服务（PRS）接收机在竞争电磁环境中达到标称性能。

（2）开发模块化 PRS 接收机，支持构建导航战传感器/子系统网络，并从总体能力中受益；数据内容和传输功能必须通过子系统或以 GNSS 服务方式向用户提供的典型性能特征。

（3）基于 PNT 优势在安全创新架构中实施抗干扰和反欺骗技术。

征求书中对有针对性的导航战活动，从以下几个层次描述（表2）。

表 2　导航战活动描述

层次（设备）	活动描述
总要求	• 研究新技术或针对已有技术、产品、工艺、服务的改进解决方案进行可行性研究 • 确定国防产品、组件或技术设计及技术规格 • 开发能够验证作战环境性能的国防产品系统原型 • 进行产品、组件或技术测试
一般性要求	• 确定总体概念定义及用户需求 • 基于典型场景，模拟和分析系统规模和有效载荷，检测定位干扰设备和诱骗设备功能性能 • 基于用户需求，通过射频灵敏度、定位精度和信息更新率等关键指标确定可用导航系统 • 研究系统标准化和互操作性
导航战传感器	• 多型传感器有效载荷设计、原型设计和评估 • 研究和设计 PRS 接收机，基于军事运用技术难点（如可拆卸、手持、可穿戴或小型化集成设备等）进行研究、原型设计，并与导航战传感器/子系统网络进行测试 • 通过导航接收机接入进行概念能力验证
导航战子系统	• 在轨监视演示部分天基导航战设备 • 概念验证多型 PNT 系统通用接口，支持与导航战信息管理系统的铰链 • 概念验证集成环境，为基于智能架构、移动无线电的移动应用提供导航战态势感知信息，集成环境应包括天线、电子设备和图形用户界面

续表

层次（设备）	活动描述
导航战全系统	• 基于导航战联合作战中心的研究、设计和开发（概念验证），包括导航战信息管理系统的算法原型和实施，演示态势感知能力 • 研究和实施导航战信息管理系统通用接口和分析工具概念验证，包括： 　✓ 导航战信息管理系统与传感器/子系统网络的信息交互 　✓ PNT 源层面的导航战进攻战术 　✓ 导航战战术和信息交互 • 综合演示包括"伽利略" PRS 接收机的移动、地面和空间设备组成的导航战传感器/子系统网络态势感知图

对设备或功能层的功能需求如表 3 所列。

表 3 导航战设备/系统功能需求

设备/系统	功能需求
导航战传感器	• 基于模块化、小型化和基于尺寸、重量和功率与成本（SWAP – C）优化的 PRS 接收机，通过研究、原型设计和技术测试以支持导航战系统信息标准接口或架构 • 概念验证安全架构，支持智能架构或基于服务器的解决方案，适用于大多数移动应用程序
导航战子系统	• 有效载荷应覆盖所有 GNSS 频段 • 卫星系统应至少两天一次全球覆盖 • 卫星地面控制段铰链导航战信息管理系统，支持向分析工具提供数据 • 基于用户友好原则设计图形用户界面组件 • 开发移动解决方案支持导航战传感器/子系统网络 • 可识别干扰和欺骗事件，并通过导航战信息管理系统深入分析 • 集成伽利略系统的频率和所有 GNSS 的开放信号频率 • 集成传感器融合算法和基于人工智能的非 GNSS 技术 • 基于特定环境条件开发小型无源天线技术 • 充分考虑软件定义方法，以及与接收机的兼容性和互操作性，通过不断更新数据库实现在用接收机的升级

续表

设备/系统	功能需求
导航战全系统	• 具备定位跟踪 GNSS 范围内高于 10 瓦的射频信号，平均精度优于 5 千米 • 通过如图像和算法的工具，获取相关区域的导航战图像信息。系统顺序处理事件研究图像信息演变（包括导航战图像的标准化） • 开发分析工具，允许对 PRS 接收机和其他 GNSS 信号进行性能分析，根据态势和分析结果进行检测干扰和欺骗 • 导航战信息管理系统基于模块化理念设计以下通用信息接口： 　✓ 导航战传感器/子系统网络信息 　✓ 包括 PNT 源的导航战进攻战术的建议和任务 　✓ 针对任务规划的弹性建议 　✓ 电子战、网络和其他交互信息 　✓ 注册审计内部系统的信息 • 定义全系统通用信息（包括弹性、监视和进攻措施） • 存储原始数据和精确数据 • 通过预先定义的自动化流程，提供标准化的预警分析，通过空间和/或地面通信链路向用户群提供如下信息： 　✓ 精度可用性（具有一定精度的 PVT 数据） 　✓ 电磁干扰定位精度（干扰信号的位置测量误差） 　✓ GNSS 拒止精度（无法正常接收 GNSS 信号时，PVT 数据出现错误）

基于弹性天基 PNT 和卫星通信的导航战态势感知计划，将有助于加强欧盟在导航战进攻行动方面的军事弹性，促进欧洲国防工业的自主性以及欧盟的安全和国防利益，为欧盟防御的互操作性提供关键技术，并为基于 PRS 接收机的伽利略卫星服务的态势感知做出贡献。

四、趋势研判

（1）导航战最初解决攻防两端卫星导航使用问题。导航战的发展是以现有卫星导航设备面临的问题展开，从体系攻防两个方面进行技术化应用研究，在阻止敌方使用卫星导航信息的同时，不影响战区以外的地区和平利用卫星导航信息，因此导航战的研究并不拘泥于体系方面从上到下的构建，而是从解决实际问题入手。

（2）导航战与弹性 PNT 体系协调互动发展。美军直到 2018 年才在国防部条例中明确了导航战的基本合规性流程和能力表述，并与构建弹性 PNT 体系对应，弹性 PNT 体系的军事应用是导航战，而导航战的应用基础则为弹性 PNT 体系，两者协调互动发展。

（3）导航战从技术应用角度自下向上推动实施。美军、欧盟从技术应用的角度自下向上推动导航战的实施，并选取态势感知能力作为典型试点，美国陆军甚至将其写入未来的作战条例中，按照标准规范进行实施。而欧盟则设定专门计划引入天基卫星通信，与弹性 PNT 卫星一起实施导航战的态势感知能力，并为此撰写了基于导航战活动和系统需求的意见征求书。

（4）导航战从军事应用出发进而推动系统工程设计。从欧盟最新的导航战实施计划中，也可以清楚地看到其对导航战系统的内部子系统、通信、接口以及之间的流程、功能表述，可以看出其对导航战的系统工程进行了较为详细的思考，这对后期导航战的系统工程体系化设计提供了借鉴。

五、结束语

从概念提出到技术实施，从官方文件到技术应用，随着 PNT 体系的逐步成熟以及 PNT 源的逐步丰富，其以态势感知为标志的军事应用将逐渐明朗，这将为后期的全流程军事应用奠定基础。

（中国电子科技集团第二十研究所　李川）

美国国家地理空间情报局发布《数据战略》

2021年10月6日，美国国家地理空间情报局（NGA）发布《数据战略2021：当前与未来的任务》（以下简称《数据战略》），提出"快速、精准、安全地创建、管理和分享可信数据"的愿景，明确了实现该愿景的挑战、关键目标、具体举措和重点领域，旨在为处理大量地理空间情报数据提供有效、便捷的途径，为美国情报界、军方及相关决策者提供有价值的情报，支持实现联合全域作战和联合全域指挥控制。

一、发布背景

（一）NGA面临海量数据，加快自身数字化转型速度

NGA作为美国国家情报与作战支援机构之一，职责是处理和分析各种类型的图像、地理信息等数据，形成与地理位置相关活动的地理空间情报，支持国家安全、国家政策、作战部署等不同层次的战略和战术需求。相关数据来源是国家侦察局等情报机构的天基/航空侦察图像，以及商业公司的高分辨率卫星图像。随着新遥感星座的大量部署和卫星传感器数据的显著

增长，NGA 面临的情报环境正在发生显著变化。NGA 在 2020 年发布的《科技战略》中指出了当前面临的各种问题：海量数据涌入、基础设施能力与技术储备不足、数据安全性不够等，如 NGA 仅 2018 年就收集了超过 1200 万幅图像，然而传统的数据分析效率低、时效性不强，不能满足需求。NGA 正在试图解决这些问题，如建立高效的数据处理模型、引入人工智能和云计算技术、改进软件开发流程等，这些方法在 2018 年《商业地理空间情报战略》、2020 年"未来技术需求清单"等文件中都有提及。此次发布的《数据战略》是从整体上规划了 NGA 数据体系的建设与管理，旨在总体谋划、快速推进数字化转型。

（二）美国国防部整体推进数字现代化，NGA 配合行动

21 世纪以来，大数据技术蓬勃发展、军事应用潜力凸显，已逐步成为智能化装备的重要技术基础，成为打赢未来智能化战争和提升国防管理决策质量效率的重要引擎。近年来，美国国防部一直致力于数字现代化转型，从各个层级先后出台了多部指导战略，包括《国防部数字现代化战略》（2019）、《国防部数据战略》（2020）、《数字空军》（2019）、《数字太空军》（2021）等，其中《国防部数据战略》明确指出美国国防部是一个以数据为中心的机构，国防部需要加速从"网络中心"向"数据中心"的转型。作为美国国防部的下属机构，NGA 顺应数字化转型趋势，贯彻《国防部数据战略》提出的要求，建立以数据为核心的体系架构，深度挖掘数据信息，更好地服务于美国国防部未来任务需求。

二、主要内容

《数据战略》阐述了 NGA 在数据建设管理方面的愿景、挑战、关键目标和具体举措、重点领域，为其解决海量数据涌入、数据安全性风险等问题提供了方案与前进方向。

（一）愿景

"快速、精准、安全地创建、管理和分享可信数据"，《数据战略》认为这是引领 NGA 走向未来的关键所在，并将此愿景浓缩为"加速、共享、信任"，指出 NGA 应该将数据作为一种战略资产，加快数据处理与传递的速度与精准程度，提高数据在部门内外的易获取性，保证数据的安全性，提高风险意识；NGA 的领导层、建设者和决策者，以及每一位成员，都必须积极践行数据战略的核心愿景，为用户提供持续的情报优势。

（二）面临的挑战

《数据战略》指出了 NGA 当前面临的 7 个挑战，并对每个挑战进行了简单描述。

（1）在目前的大国竞争中，存在持续且不断增长的敌对威胁。这需要 NGA 在正确的时间将正确的数据送到正确的用户手中，这种精准的数据分析与自动化投送需要人工智能/机器学习（AI/ML）等先进数据技术的辅助。为此，NGA 应致力于提高数据中心化程度，实现以数据为中心的发展目标。

（2）数据存在风险。NGA 自 2020 起开始使用商业数据，这些开源数据易受到攻击，从而影响 NGA 所提供情报的安全性。《数据战略》指出，NGA 必须认识到风险的存在，且建设检测和规避开源数据风险的能力，实现提高数据安全性的目标。

（3）缺乏一致的数据标准和流程。这导致 NGA 部门内部的脱节和不一致，会使得团队牺牲大量时间进行准备和协调工作。《数据战略》提出，需在部门内部采取一致数据管控和处理流程，实现数据的再利用与整合。

（4）数据孤岛化的文化与架构。这会阻碍数据的访问与发现，与NGA分享数据的愿景背道而驰。《数据战略》希望打破数据孤岛化的文化与架构，实现数据的易于发现和访问，从而实现数据共享的目标。

（5）缺乏跨域的灵活性。NGA的成员与用户在跨域使用数据时均会遇到困难，这会导致数据使用的低效。《数据战略》希望NGA增强跨域的灵活性，实现跨域数据的易访问。

（6）部门内的协调能力低下。《数据战略》指出，NGA应该避免缺乏协调所导致的重复劳动与无用功。

（7）员工的数据素养不足。《数据战略》强调要提高NGA每一位成员的数据建设、共享与管控意识，这有助于提高整个机构的数据中心化程度，建立以数据为中心的部门文化。

（三）关键目标与具体举措

《数据战略》从上述7个挑战中总结了NGA需要实现的4个关键目标，并对应每一个目标提出了具体举措。

1. 将数据视为战略资产

NGA需要加快以数据为中心的转型过程，提升数据管理和治理能力，解决部门内数据流程标准不一致与跨域灵活性问题，加强数据安全性。为此，《数字战略》提出了4条具体举措：①成立数据治理指导委员会，统筹规划NGA数据架构；②启动数据政策和标准化制定工作，为统一数据标准与流程制定规范性文件；③实施数据管理计划，增强协调能力；④沟通和优化治理举措，及时调整相关数据管理模式。

2. 提升数据共享程度

NGA需要在部门内部建立顺畅安全的数据沟通渠道，提高数据的易访问程度和共享性，打破数据孤岛效应，让内部员工与外部客户更为高效便捷地获取数据，并利用人工智能技术加速这一过程。为此，《数据战略》提出了 4 条具体举措：①建立共享数据服务机制，利用各种数据工具促进数据的易获取性；②开展数据服务试点工作，了解外部客户的数据需求；③加强数据目录建设，使得数据更易于被发现；④在数据、应用和工程团队之间进行协调，通过应用程序接口加速数据共享。

3. 扩大数据规模与加强分析能力

《数据战略》强调数据与分析之间的紧密联系，认为 NGA 应该加强数据收集与分析团队之间的合作，在扩大数据规模的同时加强分析能力，使用人工智能、机器学习技术加强数据处理能力。为此，《数据战略》提出了 3 条具体举措：①建立数据开发与分析卓越中心，加强整体数据开发与分析能力；②鼓励数据与分析团队沟通交流各自进展，建立沟通渠道与报告制度；③提供以人工智能、机器学习技术为主的先进数据分析工具，加大对"月球拍摄"计划（NGA 为保持其在地理空间情报优势的行动计划，目前建有一个实验室）的投入。

4. 提高员工数据素养

应加强 NGA 员工的整体数据素养，建立以数据为中心的部门文化，加强员工的数据技能培训，提升部门整体数据能力水平。为此，《数据战略》提出了 3 条具体举措：①与人力资源部门合作；②加快推进数据素养提高计划；③制订相关人员培训制度与人才培养计划。

（四）重点领域

《数据战略》描述了机构未来关注的重点领域，包括易于发现和可访问的数据、数据重构与集成、跨域协调效率和下一代地理空间情报。为实现这 4 个领域的长足发展，NGA 指出了 4 条前进道路：①使数据的发现、访问与共享更加直接和便捷；②继续改进数据资产，更好地将数据用于预期或意外的目标任务；③使国家地理空间情报局的人员及服务对象有效、安全地获取跨域数据；④通过人工智能、机器学习技术提升国家地理空间情报局数据资产的价值。

三、几点认识

（一）《数据战略》的实施将促进美军地理空间情报能力整体提升

实时、高效、精准的地理空间情报保障，已成为现代战争不可或缺的重要组成部分。在美军"定点清除"伊朗将领苏莱曼尼等特种作战行动中，地理空间情报发挥了至关重要的作用。随着大数据、云计算和人工智能技术的快速发展应用，地理空间情报正处于高速发展期，NGA也一直在积极推进相关能力的优化，如2018年提出利用"3A"（自动化、增强现实、人工智能）技术解决海量数据问题，2020年提出先进分析和建模、数据完整性和安全性、数据管理、人工智能等四大优先发展技术领域。《数据战略》从整体和全局的高度明确了NGA转型为数据中心型机构的愿景目标、重点领域和实施路径，将进一步推动美军地理空间情报能力的提升。

（二）以数据为中心的地理空间情报体系将为美军联合全域指挥控制提供重要支撑

《数据战略》明确指出，该战略是在美国国防部加速建设联合全域指挥控制能力的背景下制定的。联合全域指挥控制的核心是建立一个基于云的战场物联网，运用人工智能技术，以远远超出目前所能达到的速度和精度，实现传感器、通信网络、指挥决策系统和武器平台的融合。为实现从传感器到射手的高速连接和敏捷响应，必须建立高效运转的情报获取与处理分发体系，地理空间情报是其中重要部分，且地位越来越重要。例如，美国陆军的"普罗米修斯"（Prometheus）机器学习系统，就是通过自动检测卫星对地观测图像数据等信息，综合多传感器数据分析结果，推荐打击特定目标的最优武器系统，有效提升作战指挥人员决策响应效率。随着以数据为中心的地理空间情报体系不断完善，美军将加速形成联合全域指挥控制能力，联合全域作战愿景将能够有效推进落地。

（中国电子科技集团发展战略研究中心　侯蓉鋐　方芳）

美国国会参议院通过《刺激芯片与5G开放无线接入网紧急拨款法案》

2021年6月,美国国会参议院表决通过了《2021年美国创新与竞争法案》和《芯片与5G开放无线接入网紧急拨款法案》(以下简称"紧急拨款子法案")是其子法案之一。该法案涉及542亿美元的投资,旨在通过增设多项基金等举措,促进美国本土半导体生产和5G开放无线接入网的安全快速发展。

一、立法背景

"紧急拨款子法案"由美国国会参议院情报委员会主席马克·华纳提出,旨在落实《2021财年国防授权法案》中关于鼓励发展美国半导体制造能力和设立"无线供应链创新基金"的要求。

一是落实《2021年国防授权法》第9902和第9906条款要求。其中,第9902条款规定联邦政府可向相关实体提供财政援助,以激励对半导体制造、组装、测试、先进封装或研发等美国本土设施的投资。第9906条款规定美国总统应在国家科学技术委员会下设置分委员会，负责处理与美国在微电子技术和创新方面的领导力和竞争力相关的事项；成立半导体技术中心、设立先进封装技术计划；在美国国家标准与技术研究所设立微电子技术研究计划以及设立美国制造研究机构等。

二是落实《2021年国防授权法》第9202条款要求。该条款要求设立"公共无线供应链创新基金"，促进美国5G技术的开发和部署，增强电信技术供应链安全，强力夺取5G全球主导地位，并进一步推动5G军事应用，提高武器装备的作战效能。

二、主要内容

紧急拨款子法案通过设立基金的方式将预拨付的款项分为两部分：

（一）计划拨款设立三个专项基金，激励美国本土芯片安全发展

针对《2021年国防授权法》第9902和第9906条款要求，"紧急拨款子法案"的第一部分"美国芯片法案基金"，提出拨款527亿美元设立3个专项基金，用于保持美国半导体先进制造能力，打造安全的半导体供应链。

一是拨款502亿美元设立"美国芯片基金"，用于激励对美国本土芯片生产设施的投资，在成熟技术节点上制造、测试和先进封装半导体，以及支持在国家科学技术委员会下设置相关机构，其中2022—2026财年将分别为该基金拨款240亿美元、70亿美元、63亿美元、61亿美元和68亿美元。

二是拨款20亿美元设立"美国芯片国防基金"，用于激励私营部门、大学和其他联邦机构，为芯片研发、测试和评估、劳动力发展及其他相关活动提供支持，以满足国防部和情报部门的需要，2022—2026财年每年为该基金拨款4亿美元。

三是拨款 5 亿美元设立"美国芯片国际技术安全与创新基金",用以增强国际信息和通信安全,打造更加安全的半导体供应链等,2022—2026 财年每年为该基金拨款 1 亿美元。

(二)设立"无线供应链创新基金",推动 5G 开放无线接入网(O‑RAN)架构发展

"紧急拨款子法案"的第二部分"为无线供应链创新拨款",明确 2022 财年为"无线供应链创新基金"拨款 15 亿美元,用以促进开放无线接入网相关软件、硬件和微处理技术的开发与部署,增强 5G 开放无线接入网供应链的竞争力;加速基于开放接口标准的具有兼容性、互操作性设备的商业应用;推动当前新部署 5G 设备与未来基于开放标准、互操作性设备的兼容;利用网络功能虚拟化技术,促进多供应商网络的集成,提升供应商市场多样性。该笔款项使用期限 10 年,截至 2031 年 9 月 30 日,每财年由总统向国会提交详细预算,单个项目支持经费不超过 5000 万美元。

三、基本认识

紧急拨款子法案旨在刺激美国半导体生产和 5G 网络两个领域的快速发展,鼓励美国芯片生产,推动在 5G 网络领域采用开放无线接入网架构,抵消我国 5G 网络先发优势,夺取 5G 全球主导地位。

(一)美国落实半导体产业安全发展举措,试图固化其长期战略优势

美国是全球半导体产业龙头,在高端芯片设计领域处于绝对领先地位,可以设计人工智能等先进技术所需的平台技术、微处理器、图形芯片和可编程逻辑处理器等。但美国认为其领先优势正在下降,且过于依赖海外市场进行制造和测试,对美国半导体供应链安全构成严重威胁。

紧急拨款法案旨在推进半导体制造业回归本土，会对全球半导体产业产生较大影响，应引起高度重视。建议：一是加大半导体领域基础性、颠覆性技术研究投入力度。在继续推进现有半导体技术升级的同时，积极布局一系列关键性新研究领域，抓住新一轮全球集成电路产业发展机遇，积极抢占集成电路技术创新竞争高地。二是警惕美国将半导体供应链"武器化"，提前建立有效反制措施。单一核心技术"卡脖子"效果不理想，那么供应链就会成为更有效、更强大的手段，美国政府在半导体供应链上大做文章，或将供应链"政治化""武器化"。

（二）美国发展 5G 开放无线接入网架构，力求抵消我国 5G 先发优势

美国，认为"任何主导 5G 技术的国家都将在本世纪的大部分时间拥有经济、情报和军事上的优势"。目前，全球制造 5G 无线接入网设备的公司，主要有华为、诺基亚、爱立信 3 家。由于设备互不兼容，一旦选用某家公司设备，后续只能持续沿用其产品。开放无线接入网架构采用开放接口，可利用不同供应商生产的通用设备，构建 5G 移动通信网络。美国推动采用开放无线接入网架构，将降低美国 5G 通信网对单一设备供应商的依赖及建设成本。

美国此次为"公共无线供应链创新基金"拨款，旨在进一步加速开放无线接入网架构的开发与部署，有望抵消华为等中国供应商在 5G 通信产业的现有优势，让 5G 通信产业重新洗牌，在为美国相关行业发展创造机遇的同时，确保 5G 军事应用的安全发展。

（中国电子科技集团发展战略研究中心　彭玉婷　王龙奇　方芳）

美国陆军发布《未来司令部指挥控制概念 2028》

2021 年 7 月 14 日,美国陆军未来司令部发布手册 AFC 71 – 20 – 9《陆军未来司令部指挥控制概念 2028:追求决策优势》(AFCC – C2)。该文件取代了美国陆军训练与条令司令部(TRADOC)于 2017 年 2 月 6 日发布的 TP 525 – 3 – 3《美国陆军任务指挥职能概念 2020—2040》,描述了美国陆军在 2028 年及以后实现全域指挥控制所需的各项能力,构建了一个用于设计和发展未来所需指挥控制能力的通用框架,目的是推动兵力设计和部队发展。

一、发布背景

自美国陆军于 2003 年正式将"任务指挥"纳入权威知识体系以来,一直都在审查、评估、改进和完善其作战条令。为进一步调整和促进统一行动,美国陆军在 2019 年发布的陆军条令出版物(ADP)6 – 0《任务指挥:陆军部队的指挥控制》中重新与联合条令保持了一致,在恢复"指挥控制"作战职能的同时,维持并再次强调了"任务指挥"是陆军实施指挥控制的方法。然而，美国陆军于 2017 年发布的《美国陆军任务指挥职能概念 2020—2040》仍然是基于"任务指挥"这一职能概念的，需要进行更新以保持与 ADP 6-0 的一致性。

更新后的 ADP 6-0 将指挥控制系统描述为一个由人员、流程、网络和指挥所（CP）构成的更广泛的系统之系统（SoS），而非单纯的技术信息系统。近年来，美国陆军仅为"网络"这一要素制定过具体的实施计划，即《美国陆军任务指挥网络实施计划》。该计划的第 1 卷描述了陆军目前用于指导野战部队近期至中期网络现代化工作的框架。因此，目前既缺乏全盘考虑整个陆军指挥控制系统的实施计划，也缺乏对指挥控制系统的中远期规划（包括对陆军未来通信网络的需求）。

综合以上因素，美国陆军未来司令部在"多域作战"（MDO）概念（TRADOC 第 525-3-1 号手册《2028 年多域作战中的美国陆军》）和"旅以上梯队"（EAB）概念（TRADOC 第 525-3-8 号手册《2025—2045 年旅以上梯队的多域联合兵种作战》）的基础之上，构想了未来的陆军指挥官如何以联合部队一分子的视角制定和分发各种决策，从而在联合部队的统一行动中实现作战主动，并解决"多域作战"概念中提出的竞争、渗透、瓦解、利用和重回竞争这五大作战问题，形成了《陆军未来司令部指挥控制概念 2028：追求决策优势》这一面向未来的指挥控制概念。

二、主要内容

AFCC-C2 概念为创造决策优势奠定了知识基础，使未来的陆军部队能以超过对手和敌人的速度，有效融合来自全域、电磁频谱和信息环境的各项能力。

（一）明确实现决策优势的三大要素

美国国防部的联合全域指挥控制构想（以下简称"JADC2 构想"）描述了未来决策优势的实现途径：第一步，获得及时和准确的信息优势；第二步，比对手更快地将信息转化为决策，实现信息优势向决策优势的转化；第三步，通过快速执行决策（即行动）将决策优势转化为作战优势。

AFCC – C2 概念以"JADC2 构想"为基础，将实现决策优势的要素分为三大类：①瓦解敌方的决策系统，这对于"多域作战"概念的核心思想和"旅以上梯队"概念中深度融合多域效果的解决方案至关重要；②获得决策优势，这亦是 AFCC – C2 概念的核心思想；③一旦获得决策优势，必须维持和保护这些决策优势，以获得全局决策优势（图1）。

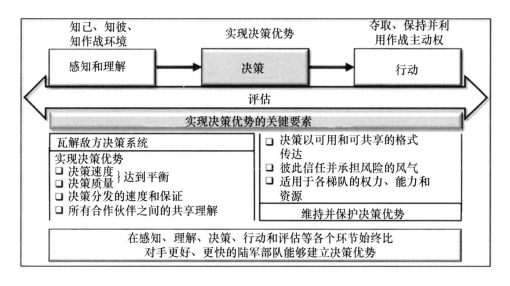

图 1　实现决策优势的三大关键要素

为了在多域竞争、危机响应和武装冲突中实现决策优势，陆军必须通过综合、全面的分析及每个组成部分的改进，明确未来指挥控制系统的需求，并以系统之系统（SoS）的形式开发相应的能力。未来的指挥控制系统将促进陆军、联合和其他统一行动合作伙伴的传感器、其他网络节点和信息系统之间的无缝信息流，进而实现所有作战域效果的及时融合。随后，指挥官及其参谋人员能够比对手或敌方更好、更快地感知、理解、决策和行动。在贯穿全域的指挥控制系统的帮助下，指挥官及其参谋人员能够在整个作战空间的深度和广度内持续计划、准备、执行、监控并评估连续和同步进行的作战行动，并融合决定性空间内的多域能力，从而获取、保持和利用作战主动权并实现全局决策优势。

因此，未来的陆军指挥官将通过利用更清晰、更精确地感知和理解自身、对手及作战环境的能力，借助具有全域作战能力的敏捷的指挥控制系统，获取、保持和利用作战主动权并实现全局决策优势。

（二）给出实现决策优势的解决方案

本概念概述了产生所需能力（RC）的概念解决方案，以支持未来贯穿全域的指挥控制系统的改进需求，进而实现决策优势。虽然没有规定具体的条令、组织、训练、物资、领导和教育、人员、设施和政策（DOTMLPF－P）解决方案，但明确了未来部队所需的广泛且相互关联的各种能力。这样各领域的专家就能通过基于结果、以整合为中心以及具备相关资源的研究、实验和分析来开发专项解决方案。解决方案的各个组成部分如图 2 所示。

在变更或改进某个系统组成部分时，作战指挥官和能力开发人员必须单独考虑其对其他组成部分的影响以及各个组成部分之间的安排和关系。虽然能力开发人员可能会将部队现代化建设工作集中在改进单个组成部分（或甚至是其中一个较小的子组件）层面，但任何变更或改进都可能影响其他组成部分以及各个组成部分之间至关重要的相互依赖性。改进某个组成部分可能会逐步改善陆军指挥控制系统的功能，但可能无法同时集成、同步和融合所有领域的能力从而在思想、机动能力和速度层面超越未来来自中俄的威胁。作战指挥官必须对其部署的指挥控制系统进行持续评估，并不断调整其人员、流程、通信网络和指挥所星座（CPC）的组织和运作，以获得或保持决策优势。

人员
·勇敢、敏捷、适应性强并有能力的领导人才能在模棱两可、快节奏、数据驱动的行动中茁壮成长
·由统一行动合作伙伴组成的全球网络化、互操作、敏捷的全域作战团队

通信网络
·通过一个统一、受保护的韧性通信网络，打造一支具有多域作战能力的部队
·通用、标准化、可共享的安全数据
·可调整的作战空间可视化

流程
·全域作战流程
·支持整体型政府方法
·通过普遍的知识管理，产生共识、加快决策速度并创造认知优势
·通过响应式空域管理，促进跨域机动作战和全域火力

指挥所星座（CPC）
·指挥所星座由多个具备快速部署、战术机动性、调整性、扩展性以及生存性等特征的指挥节点构成

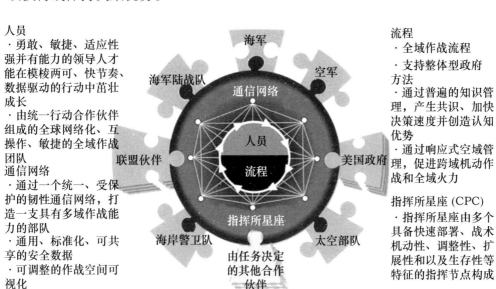

图 2　解决方案的组成部分

1. 人员

陆军指挥控制系统内的关键人员包括指挥官、副指挥官、下级指挥官（包括统一行动合作伙伴）、高级士官和资深士兵顾问、参谋人员、联络官（负责与合作伙伴之间的联络），以及负责构建、运营、维护和保护通信网络和指挥节点的人员。指挥与控制系统以指挥官为中心。指挥官负责做出决策和明确传达意图，以提供目标，指挥行动，并激励和授权下级部队，从而在行动中获胜。作为指挥官职能的延伸，其指挥控制系统的其他成员需协助指挥官建立共识，做出高质量的决策，并以可理解和可用的形式快速分发任务命令和指令。在处理系统的人员构成时，指挥官和能力开发人

员还必须考虑如何整合人员，以将其打造成具备所需能力、凝聚力且训练有素的总部，以及通过人际网络相连的统一行动合作伙伴团队，从而实现协同作战。在技术实力相当的前提下，符合以下条件的一方将获得决策优势：①其决策者的适应性更强且能更快地解决问题；②能通过最稳健的方式获取可供行动使用的信息和情报；③可通过分散的权限和能力获得更多权力。

2. 流程

作战流程是美国陆军关于决策、组建部队和能力以及实施决策的顶层框架，即计划、准备、执行、监控和持续评估作战行动。每个作战职能都有支持整个作战流程的一个或多个功能整合流程。就像整个作战流程一样，每个支持流程都必须考虑如何促进对整体型政府方法的支持，从而在作战中获胜。知识管理和空域管理是跨越作战职能的两个关键支持流程。未来，所有流程都必须支持更大程度的联合、联盟和整体型政府的统一行动。

3. 通信网络

美国陆军未来的通信网络包括所有用于收集、处理、存储、显示、传播和管理数据和信息的通信能力和相关程序。从陆军最高层级梯队到单独的陆军士兵或文职人员，都能够在互操作性层面促进国防部规模更大的通信网络的建设和发展。陆军的通信网络是指挥控制系统的一个组成部分。就像指挥控制系统的整体性一样，陆军的通信网络包括作为一个统一整体无缝运行的企业网及部署的各种网络。陆军的通信网络包括：网络传输，信息、信息管理和作战管理系统（包括可调整的作战空间可视化能力），作战和事务应用，网络服务，传感器和其他网络节点，数据。

4. 指挥所星座

指挥所星座由多个具备快速部署、战术机动性、调整性、扩展性及生存性等特征的指挥节点构成。未来的指挥所星座是从原驻地到前沿分布式部署的、跨职能组织的多个网状指挥节点,其布局可根据作战需求灵活变化。

三、几点认识

美国陆军 AFCC–C2 概念着眼于未来作战环境,明确了美国陆军如何利用更清晰和精确地感知和理解自身、对手和作战环境的能力,借助贯穿全域的指挥控制作战职能和系统产生决策优势,以超过对手的速度,有效融合来自全域、电磁频谱和信息环境的各项能力。

(一)从"任务指挥"回到"指挥控制",以适应 2028 年及以后的作战环境

美国陆军在 2003 年版的野战手册(FM)6–0《任务指挥:陆军部队的指挥控制》中将"任务指挥"(MC)作为"首选"的指挥与控制概念,以指导指挥官并提供一种能克服"战争迷雾"和摩擦的方法。

尽管"任务指挥"概念致力于向下级授予相应的职权并促成遵守纪律的主动性,但并不等同于不受限的权力下放和能力分散,必要时应在一定程度上加以控制或监督。根据实际面临的情况,指挥官可能需要更加集中和统一的指挥控制方法。例如,在针对大国竞争者的多域武装冲突的过渡和初始阶段,可能需采取非常集中的方式来整合并精确融合各种效果,以渗透和瓦解敌方的"反介入/区域拒止"系统;在后续的跨域机动作战中,高级别的权力下放和控制可能更为适合。

为进一步重新调整和促进统一行动,美国陆军重新采用了"指挥控制"这一作战职能,并沿用了联合条令中的定义。考虑到自身特性和军种文化,

美国陆军并未取消"任务指挥"这一概念，而是将其定调为陆军实施指挥控制的方法。目前，美国陆军已将作战职能的支持系统重命名为指挥控制系统。指挥控制系统不仅是一个技术信息系统，而且是由人员、流程、网络和指挥所（CP）构成的更广泛的系统之系统，它们作为一个整体一同运作，支持指挥官开展作战行动。AFCC – C2 概念进一步扩大了"指挥控制"作战职能的作用，以促进更强的协作以及开展未来"多域作战"的能力。

（二）人员是美国陆军未来指挥控制系统的核心

在 AFCC – C2 概念中，美国陆军将"人员"列为构成未来指挥控制系统的四大要素之首，可见美国陆军对人才的重视程度。虽然先进技术手段、高效作战流程和权力适当分配是必须实现指挥控制的重要因素，但能够适应未来复杂作战环境的有能力的陆军领导将是未来的关键竞争优势。

通过多次作战和试验，美国陆军认识到富有创造力、训练有素和装备精良的领导人才对于获取、保持和利用作战主动权以及在所有领域和环境中熟练地整合作战能力具有至关重要的作用。先进装备（包括智能化决策支持和作战管理系统）、高效程序以及通用、标准化、可共享的安全数据将使得成熟领导者能够简化复杂的活动，并将能力和权力扩展至最低的行动层级。在以高质量指挥人才为基础打造的未来指挥系统中，指挥官做出的高质量决策，能够通过高效、有效和领域综合的作战流程进行整合，并在准确的作战空间可视化和整体共识的框架内进行沟通。

在未来的竞争过程中，美国陆军可根据任务需求，迅速组建由现役和预备役陆军部队以及其他统一行动合作伙伴组成的全球网络化多职能团队，同时结合所有领域的各种知识、专长和能力，以打造物理、认知、时间和虚拟层面的优势。通过灵活的指挥关系以及敏捷、适应性强的编队，未来的美国陆军部队可根据需要迅速配置、调整和重新配置，以打造能应对任何问题的不同的部队和能力集，进而实现优势。

（三）AFCC – C2 是"多域作战"概念在指挥控制领域的落地，是通往 JADC2 的桥梁

"多域作战"概念描述了美国陆军未来如何作为联合部队的一个组成部分，在必要时渗透和瓦解敌方的"反介入/区域拒止"系统，以创造实现战略目标所需的机动自由，并凭借有利条件重回竞争。为实现这一目标，"多域作战"概念提出了 3 条相辅相成的原则：校准力量态势、运用多域编队、达成多域融合。AFCC – C2 中提出的未来指挥控制系统能够根据战略环境的要求，以动态方式混编、调整和改变不同类型的部队，并在整个待战、部署、早期进入和后续行动过程中持续进行指挥控制，确保部署的部队能够在抵达后立即作战并获胜，从而实现力量态势校准。在先进的防护系统、减弱的目标特征、弹性的通信、全域态势感知工具（包括目标特征遮蔽、管理和控制能力），以及具有战略部署性、战术机动性、扩展性和强生存性指挥所的支持下，未来的多域编队能够获取并使用来自全域的能力，给对手制造复杂的多重困境。此外，具有全域能力的指挥控制系统还能为融合提供支持，从而快速、持续地整合来自全域、全域内部以及跨越全域的能力以优化各种效果并在决定性空间内打败敌方。

AFCC – C2 概念提出，继续发展"任务指挥"理念并将其应用到指挥控制和未来具备全域能力的指挥控制系统中，有助于克服意外和不确定性，提高主动性和适应性，创造决策优势，并促进在多域竞争、危机响应和武装冲突中获胜。"多域作战"概念亦认为"任务指挥"仍是所有陆军行动的基本要素，并指出"任务指挥"的一种表现形式就是基于意图的联合作战：动态合作能充分整合所有可用域的能力，在接受一定程度的风险或附带成本的前提下，在决定性的空间和时间实现主导或必要的效果。在未来陆军指挥控制系统的支持下,联合部队将始终能持续、快速地融合来自全域的能力,并且即使通信中断,也能获取、保持和利用作战主动权。

(中国电子科技集团第二十八研究所　李皓昱)

美国陆军《统一网络计划》解读

2021年10月,美国陆军发布《统一网络计划》(Unified Network Plan)。该计划是美国陆军2028年建立多域作战能力部队的关键推动因素。统一网络将使美国陆军部队作为联合部队的一部分,在高度对抗和拥挤的作战环境中,以实现决策优势和保持压倒性优势的速度和范围作战。该计划旨在塑造、同步、整合和管理统一网络工作,并调整人员、组织结构和能力,在各个层级支持多域作战。

一、背景

美军认为,当今全球安全环境日趋复杂,大国之间重新进入长期战略竞争关系。技术的快速进步使美国的竞争对手快速崛起,这将极大削弱美军几十年来享有的压倒性优势,阻碍美军的全球力量投射。人工智能、自主系统、机器人、量子计算、蜂窝无线(5G及后5G)和低地球轨道(LEO)卫星等技术将持续改变作战行动的特征,形成一个更快速、更致命和分布式的战场。正是在这种背景下,美国陆军开始进行转型,转型的核心是实现多域作战（MDO），即拥有在全域（陆、海、空、天和网络空间）行动、竞争和作战的能力。转型的目标是到 2028 年具备多域作战初步能力（MDO – capable），到 2035 年具备多域作战完备能力（MDO – ready）。

随着美国陆军的转型，也必须转换其网络现代化方法。近年来，随着综合战术网（ITN）能力集的逐步部署，美军在战术网络现代化方面已经取得了相当大的成就，但在战略和作战层面的企业网络现代化工作上明显滞后，这种不平衡的方法造成了美军战术网和企业网的割裂。未来具备多域作战能力的美国陆军必须拥有一个统一网络，使其能够作为联合部队的一部分，在全域、全环境中跨所有地形和所有作战功能进行同时、无缝的整合和作战。而美国陆军当前这种"有缝"的网络显然无法满足其多域作战需求。美国陆军需要通过一项统一网络计划，对美国陆军各项网络现代化工作进行整合和协调，并提供多域作战所需的网络。

二、《统一网络计划》的主要内容

《统一网络计划》通篇阐述了三个问题：什么是统一网络？为什么要构建统一网络？如何实现统一网络？

（一）什么是统一网络

根据《统一网络计划》的描述，美国陆军统一网络是一个抗毁、安全的端到端网络，能够使美国陆军与联合/联军部队、盟军及合作伙伴们一起，在大规模作战行动中与任何对手进行竞争、必要时进行作战并且获胜。就如同一切武器系统一样，统一网络必须具韧性、可防御、可机动，使指挥官能够实现决策优势，在其选择的确切时间和需要点上达成动能和非动能效果。

美国陆军统一网络采用通用操作环境、服务基础设施和传输层，以及统一网络运行和网络防御能力。它支持在开展多域作战所需的所有密级的网络上进行情报处理。例如，统一网络可为后勤行动提供非密网络，为任务指挥和火力系统提供保密能力。统一网络支持国家、战略和战术层级之间的情报操作，同时支持远程精确火力所需的深度感知能力。

通用操作环境（COE）。COE提供计算技术和标准，使安全和可互操作的应用能够以战争的速度处理数据。COE允许指挥官利用快速数据驱动的决策工具，从世界任何地方指挥分布式部队。它提供必要的通用信息服务，实现一种通用操作环境，将战术计算环境与国家或战略资源连接起来，以一定的速度和范围开展多域作战。

通用服务基础设施（CSI）。CSI提供全球可访问的通用硬件和软件，用于数据保护、存储和计算；利用数据分析、人工智能和机器学习支持整个部队的数据驱动决策，并允许进行各组织网络的融合。CSI最大限度地实现商业云服务和混合云能力，以及其他使最新信息技术得以被采用的"即服务"（as a service）模式。

通用传输层（CTL）。CTL提供可靠、可扩展、安全和具有韧性的途径，可在全球范围内使用任何设备向任何环境中的指挥官提供数据、信息和协同服务。CTL融合到一个"无色"传输模型中，使用软件定义网络（SDN）、开放系统架构、商业传输以及加密技术。在所有层级采用这些技术将允许指挥所以与驻地操作中心相同的速度运行。在所有层级采用5G及后5G技术将为终端设备创建一个集成的"物联网"分发网络，将基地运营与战术边缘联系起来。如果可行，将尽可能地利用商业无线技术来创建移动、敏捷、安全的网络连接。

统一网络运行（UNO）。UNO提供保护、配置、操作、扩展、维护和维持网络空间所需的能力,创建和保持统一网络的机密性、可用性和完整性。UNO 为国防部信息网络(DODIN)操作人员提供了查看、保护、维护和响应统一网络的能力。UNO 可跨企业、战术和任务伙伴网络对这些能力进行无缝集成。

UNO 为作战指挥官开展多域作战提供有保障的网络可用性和网络域内的机动自由。它采用零信任原则,通过一系列包含操作环境、服务基础设施和传输层的集成活动,提供一套通用硬件和软件,旨在支持综合战术网(ITN)和综合企业网(IEN)的融合,从而实现全面的 DODIN 和防御性网络空间作战(DCO)。

(二)为什么要构建统一网络

美国陆军参谋长的《陆军多域作战转型白皮书》以及到 2028 年拥有一支具备多域作战能力的部队的目标凸显了对陆军统一网络的迫切需求。决策优势和压倒性优势是多域作战的核心,美国陆军只能通过韧性、安全的全球网络能力来实现这一点。

美国陆军构建统一网络的必要性在于:

首先,美国陆军将以具备多域能力的调整后的部队姿态,使联合/联军部队在从对抗到冲突的各种环境中机动并取胜,这些多域能力能够在需求点通过"速度+范围+融合"来提供决策优势,进而实现压倒性优势。未来的冲突将是非线性的、在所有层级和全球范围内的对抗,美国国土将不再是免受对手动能或非动能攻击的避难所。这就要求美国陆军全面解决网络问题,将战术和企业(战略)网络部分完全集成到一个统一网络中。

其次,无论在竞争还是冲突中,美国陆军都将在指挥官选择的时间和地点跨所有域为联合/联军部队提供达成战略、作战和战术效果的能力。美国陆军将利用新兴能力,通过在对手的"反介入/区域拒止"(A2/AD)范围内以及传统战区框架外的区域内机动来扩大战场空间。支持联合/联军指挥官的美国陆军多域作战将在全球范围内展开。

美国陆军将在所有域维持、实现、扩展和扩大防御和进攻性行动的范围。其"区域内部队"将在敌方 A2/AD 区域内行动,提供可信、抗毁的能力,阻止或击败敌方的区域拒止行动;"区域外部队"包括区域性和全球远征、突击和国土防御编队,负责控制地形、巩固成果和保护战略支援区域。美国陆军将在战略、作战和战术深度上展开行动,这对于对抗在数量和复杂 A2/AD 防御系统上享有优势的对等敌人至关重要。

战略、作战、联合和战术效果与能力的整合是多域作战的基础。满足这一要求需要有一个汇聚前沿技术和效果的网络为联合/联军部队指挥官提供支持。统一网络能实现一切作战,无论是在哪个域。

因此,统一网络必须在美国陆军发展为 2035 年具备多域作战完备能力部队之前,做好支持 2028 年具备多域作战初步能力部队的准备。然后,还必须随着技术的变化和对手能力的发展不断进行现代化升级。统一网络没有最终状态。

(三) 如何实现统一网络

有关如何实现统一网络,《统一网络计划》给出了 3 个发展阶段和 5 条任务线(LOE)。

1. 三个发展阶段

按照美国陆军的规划,实现统一网络分为近期、中期、远期三个发展阶段。

第一阶段:近期(2021—2024 年)——建立统一网络。

这一阶段已经开始,首先是实现综合战术网(ITN)和综合企业网(IEN)现代化工作的同步。这一阶段的主要工作包括:

（1）建立基于零信任原则的标准化安全架构，初期主要重点是保密 IP 路由网（SIPRNet）现代化，然后是非密 IP 路由（NIPR）关键能力。

（2）开始实施一种整体方法逐步发展统一网络，对多项工作进行同步，并利用如软件定义和 5G 及后 5G 无线网络技术等同样符合零信任原则的新兴技术。

（3）将无线蜂窝网络作为战术和企业网络应用的关键技术，减少对非无线网络的依赖。

（4）将各项能力迁移到云基础设施，同时快速剥离遗留能力和流程，建立通用数据标准，以实现人工智能（AI）和机器学习（ML）等新兴能力。

（5）继续进行任务伙伴环境（MPE）开发工作。

（6）继续调整部队结构，实施国防部信息网络运行（DODIN Ops）架构。

（7）在整个企业范围内完成网络融合，提高网络就绪水平、标准化和互操作性；提高陆军网络安全性；实现快速防御性网络空间作战（DCO）响应。

这一阶段最终将建立标准化的综合安全架构，为统一网络奠定基础，并支持在世界任何地方快速部署和立即开展行动。

第二阶段：中期（2025—2027 年）——实现统一网络。

继续进行 ITN 和 IEN 能力的融合。这一阶段的主要工作包括：

（1）完成 DODIN Ops 架构，其支撑部队结构可实现统一网络在对抗和拥挤环境中的防御和运行。

（2）完成混合云能力的建立，包括能促进人工智能/机器学习能力发展的战术编队。

（3）完成建立一个持久任务伙伴网络（MPN），包括从企业到战术边缘的所有硬件、软件、基础设施和人员。

这一阶段结束时，统一网络将充分做好准备支持2028年的多域作战部队。

第三阶段：远期（2028年及以后）——持续进行统一网络现代化。

届时陆军统一网络将在运行、技术和组织上做好充分准备，支持2028年的多域作战部队。

（1）全面实施一种整体方法来实现统一网络现代化，利用新兴技术，同时剥离遗留的、不太安全的能力。

（2）采用一些跨越式技术，重点包括动态多样的传输，鲁棒计算和边缘传感器，决定性行动的数据，机器人和自主操作，以及相应的网络安全和韧性能力。

鉴于信息技术和网络域快速、持续的发展变化，这一阶段没有尽头——统一网络的现代化将进一步发展成熟。这是一个连续的过程，统一网络没有设定的最终状态。

2. 5条任务线

美国陆军将按照以下5条任务线（LOE）开展统一网络现代化工作。

任务线#1：建立统一网络，实现多域作战。

该任务线实现ITN和IEN的整合与协调，并将多个不同组织网络融合到陆军统一网络中，支持2028年的多域作战。这条任务线的核心是在全陆军范围内同步网络现代化工作，还将建立统一网络作为陆军对DODIN的贡献，并建立陆军任务伙伴环境，实现与盟国和其他联军合作伙伴的互操作。

任务线#2：使部队为多域作战做好准备。

该任务线的重点是人员、训练和组织结构。该任务线的基础是向增强型远征信号营（ESB–E）组织设计迁移，并随后实施全球 DODIN Ops 架构来运行、维护、保护和操纵统一网络。

任务线#3：确保安全性和抗毁性，保证指挥官在网络空间的行动自由。

为增强统一网络的安全性和抗毁性，美国陆军将改革其当前网络安全流程——主要是风险管理框架，在继续采用商业技术的同时，保护其不断增加的传统信息技术和非传统运营技术资产的攻击面。为实现这一目标，美国陆军将对其所有系统的零信任能力当前状态进行评估，进而对信息技术和运营技术资产实施零信任原则。

该任务线重点是做出基于威胁的、风险受控的运行决策，以确保网络域的行动自由。

任务线#4：改革流程和政策，以改善绩效和可负担性。

建立一个治理和管理框架，支持在统一网络产品组合中进行平衡、高效和有效的投资。美国陆军将以最具财政效率的方式快速调整统一网络，通过目前的流程对需求进行验证，并有针对性地进行改革，减少重复需求，同时积极剥离遗留系统。

任务线#5：网络可持续性——确保企业和战术网络的可持续性。

为确保统一网络在竞争、危机和冲突期间保持韧性、可防御性和可机动性，必须对可持续性需求进行记录、计划和规划。此外，在构建纳入了人工智能和机器学习等新能力的统一网络过程中，必须积极剥离遗留能力。

三、几点认识

通过对《统一网络计划》的解读，结合美国陆军当前及未来动向，总结了以下几点认识。

（一）统一网络计划是美国陆军协调各项网络现代化工作的总体指导框架

统一网络计划是指导美国陆军构建统一网络的一份总体战略框架，它的核心工作是对多项美国陆军网络现代化工作进行优化协调，特别是对以往各自为战的战术网络和企业网络现代化工作进行同步和整合，并针对网络的运营、维护和防护提出了统一要求。它所涉及的不仅仅是能力的开发和部署，还涉及人员、训练、组织、政策和流程等多个方面，是一套整体方法。技术也许并不是美国陆军网络现代化最大的挑战，人员部分和组织设计才是最难也是最重要的部分。

（二）战术网和企业网的一体化发展是美国陆军统一网络工作的重点

统一网络的"统一"首先是战术网和企业网的统一，这是美国陆军网络现代化工作急需解决的问题。美国陆军以往的战术网络和企业网络现代化工作侧重于不同的方向，前者在战术级侧重于任务指挥网络以及满足战术编队的战场需求，后者在战略和作战级侧重于设施现代化，而在将这些战略和作战能力提供给战术编队方面却出现了缺口。举例来说，美国陆军部队需要在战场上使用网络武器，但其最强大的网络武器，无论是进攻性还是防御性，基地都在美国；部队需要发射远程精确武器，但用于发现目标的卫星却是由美国本土的指挥中心所控制的。美军当前网络无法在基于美国的网络和空间操作与前线战术部队之间实现充分协调。

在统一网络计划框架下，美国陆军当前的企业网将进一步向综合企业网（IEN）发展。鉴于在多域作战行动中，大量关键数据会通过网络传输，美军必须减少使用非保密网络传输数据，企业网的重点也将从非密 IP 路由网（NIRP）和设施现代化转向保密 IP 路由网（SIPRNet）及任务伙伴环境（MPE），并将开发更多渠道实现 IEN 和 ITN 以及任务指挥网的桥接。

(三) 基于零信任原则的安全架构是构建统一网络的基础

美国陆军多次强调统一网络安全的重要性，无论是在竞争、危机还是冲突中，统一网络只有在受到保护和防御的情况下，才能提供应用战略、作战和战术效果的手段。

针对以往的固定体系结构，美国陆军采用的是边界防御方法，即在边界内的任何人、数据集或服务都被默认是可信任的，可以自由交换和共享信息。然而在当前的动态分布式环境中，边界变得越来越模糊，特别是在联合全域指挥控制构建中采用的大量商业技术开辟了新的攻击面，必须采用新的现代化安全方法对网络加以防护。零信任是美国国防部大力推行的新型安全架构，是一种以承认传统网络边界内外都存在威胁为前提的协同网络安全和系统管理策略。零信任安全模型消除了对任何一个元素、节点或服务的隐含信任，需要通过多源反馈的实时信息对运行情况进行持续验证，确定访问和其他系统响应是否安全。美国陆军认为零信任架构是保护其统一网络安全、支持多域作战的唯一方法，并将其列为数字化战略的首要举措。现已采用端点安全、身份解决方案、主动监控、云隔离和边界防御等措施，为实施零信任创建了良好的基础。

(四) 增强型远征信号营 (ESB-E) 是支持多域作战更有效的信号部队结构

统一网络计划强调，为适应多域作战需求，美国陆军正在调整信号部队结构，由远征信号营 (ESB) 向增强型远征信号营 (ESB-E) 组织设计迁移。ESB 是美国陆军为战区作战提供上层通信支持以建立战术网络的信号部队单位。ESB 采用一种可扩展的结构设计，不需要借助多个组织的力量组成单一通信支持单元，因此有利于增强部队凝聚力和部署规划。ESB-E 则比 ESB 具有更强的灵活性，采用模块化结构设计，能支持更小的部队单位，装备更先进、更轻小，复杂性更低，使部队可以在战场上更快速地部署和机动，并增强对具有更多节点和更少人力的部队的支持。据美国陆军官员称，ESB-E能支持的指挥所数量增加了60%，但运输需求减少了60%，且需要占用的人员更少。美国陆军计划在每个财年部署几个ESB-E，目标是到2028年将所有23个ESB都升级到新的基线能力。在统一网络计划指导下，通过对信号部队一系列改革工作的协调同步，美国陆军将极大提高人员效率和对多域作战指挥控制的支持。

（五）5G、零信任架构、软件定义网络和数据编织等是实现统一网络的关键技术

统一网络的实现需要一系列关键技术的支撑。美国陆军考虑投资的创新技术和方法包括5G、Wi-Fi、中低轨卫星通信、保密软件定义网络商业解决方案、零信任、身份、证书与访问管理（ICAM）、数据编织等，并启动了一系列试点项目对相关技术展开验证测试。例如美国陆军正在多个基地开展5G技术试验，通过"造雨者"项目探索数据编织技术，以及进行一些商业中低轨卫星终端测试等。这些技术将为统一网络提供传输、网络安全、数据共享与融合等多种能力，美国陆军将通过能力集的方式，迭代推进相关技术的发展和部署。

（中国电子科技集团网络通信研究院 唐宁）

外军反无人机蜂群系统发展动向及启示

近年来，随着无人机蜂群技术的成熟发展，无人机蜂群作战逐渐从理论设想走向战场实践，应对蜂群威胁的需求也日益紧迫。美国等军事强国在反无人机蜂群方面开展了大量先期探索，在战略谋划、技术研发、系统研制等方面均取得长足进步。2021年，美国洛克希德·马丁公司等企业推出多款具备反无人机蜂群能力的系统装备，美国陆军表示将在2022财年开始高功率微波反无人机蜂群能力的发展与集成，可能形成样机。

一、反无人机蜂群作战难点

2019年3月，伊朗革命卫队在波斯湾海域使用50架国产RQ-170及大批其他型号无人机进行大规模编队演习，无人机群飞越1000千米并成功摧毁预定目标。2021年5月，以色列国防军在攻击加沙地带时，首次使用人工智能技术引导无人机蜂群执行作战任务。面对此类威胁，研究实用高效的反无人机蜂群系统装备具有重要的军事意义。

（一）无人机蜂群作战弱点

虽然无人机蜂群凭借"数以千计"的数量难以截击，但其整体作战能力与技术性能在现阶段仍难以满足大规模作战的要求，存在如下弱点：①无人机蜂群攻击速度受限，目前最快只有 250 千米/小时，速度偏慢将给敌方防空系统足够的反应时间进行反攻；②无人机蜂群对通信能力的要求很高，必须具备高速路和抗干扰能力。

（二）反无人机蜂群作战难点

随着蜂群作战概念与技术的不断发展，无人机蜂群作战正以惊人的速度演进，现有作战力量和手段在反无人机蜂群作战上还存在难点：①侦察探测难度较大。无人机蜂群编组机型通常为小型或微型无人机，体积小、电磁信号弱、飞行噪声低，且无人机蜂群施放平台灵活多样，即可以直接从不同出发地分散起飞，接近作战地时再施放出形成蜂群，难以被雷达和声学、光学、红外探测器提前发现。②功能辨清难。无人机蜂群中的轻型、微型无人机通常采用模块化设计，可依据任务搭载不同的传感器、激光目标指示器和电子干扰机等设备。当各种用途的无人机在空中密集出现时，即使被发现，但由于无人机不发射电磁波，地面防空系统通过其外观无法精准识别目标性质，进而影响反无人机兵力分配和打击次序决策。③预警时间短，火力拦阻难。与传统信息化战争中高机动串行作战方式不同，无人机蜂群作战最为显著的特点是采用低成本、高数量、广域集群覆盖的并行作战方式，突然发起行动，使敌防御体系的探测、跟踪和拦截能力迅速饱和、陷入瘫痪。

二、反无人机蜂群作战系统的架构

反无人机系统是一种底层防空系统，其结构特点类似于模块化、多层防空系统。其杀伤链主要由三个子系统组成：传感器系统、指挥控制系统、失能系统（图1）。在反无人机系统中，每个子系统的需求、类型和数量会根据被保护的对象、可能的威胁场景、区域和项目预算而有所不同。因此，解决方案不是唯一的，必须对系统体系结构进行定制。

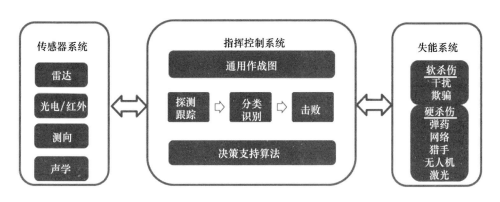

图1 反无人机蜂群系统架构

（一）传感器系统

在大范围内对小型低速无人机进行探测、定位、跟踪、分类和识别是一个需要有效解决的复杂问题，当考虑到自主无人机和蜂群作战时就更具挑战性。因此，反无人机系统的传感器依赖于不同的模式。探测无人机常用的4种传感器类型包括雷达、光电/红外（EO/IR）相机、测向（RF–DF）和声学系统。

在探测和跟踪方面，雷达由于具有精确的定位、自主和多目标检测性能，且在不受环境条件影响的情况下具有足够的距离，大多被用作对抗无人机系统的主要传感器。为了扩大态势感知区，采用具有高探测范围的测向传感器作为预警传感器。一些测向传感器还可以通过预先安装的无人机通信频率库进行识别和分类。光电/红外系统主要保证精确的分类。

目前，可用于探测和跟踪无人机蜂群的雷达装备有美国洛克希德·马丁公司研制的 AN/TPQ－53（Q－53）反火力目标雷达系统和雷声公司的 KuRFS 多任务雷达。Q－53 雷达可以识别并跟踪无人机蜂群，为前线区域防空指控和控制中心（FAADCC）提供数据。KuRFS 雷达可为地面指挥官提供威胁信息，指挥官根据这些信息可选择使用激光、电子战、高能微波武器或"郊狼"无人机来攻击无人机蜂群。

（二）指挥与控制系统

指挥控制是反无人机系统的策划者和决策者，该系统管理者杀伤链中的所有活动。它接收来自不同类型传感器的数据，并通过传感器融合算法生成独特的空中图像。在通用作战显示上，显示位置、分类、识别等危险信息，以及探测和击败区，实现态势感知。然后，利用威胁评估和武器分配等决策支持算法，根据所选模式进行作战。

（三）失能系统

一旦目标被探测和识别，失能系统就通过软杀伤或硬杀伤使其失效。无人机蜂群大都依靠无线电保持通信畅通、GPS 定位组织编队飞行，因此采用电磁压制、通信信号干扰和 GPS 欺骗等软杀伤手段使无人机失控，从而失去作战能力。例如，英国 2015 年研制的反无人机防御系统（AUDS）、俄罗斯 2016 年研制的"蔷薇电子战"系统、英国的"鹰盾"系统、以色列的"无人机穹顶"系统等都可对无人机蜂群实施有效的压制和干扰。如果无人机蜂群采用自主方式实施攻击，脱离远程信息交互，加强蜂群内部信息交互防护，软杀伤方式可能失效，因此有必要采用硬杀伤方式来对抗无人机蜂群。目前，反无人机蜂群技术主要以硬杀伤方式为主，包括使用定向能武器、利用无人机或无人机群对抗无人机蜂群、发射导弹拦截以及发展网捕型拦截武器等（表1）。

表 1　反无人机蜂群硬杀伤手段

杀伤方式	典型装备
定向能武器	"蝉"项目，2014 年由战略能力办公室启动的"无人机蜂群"项目，2015 年由 DARPA 启动的"小精灵"项目、2016 年的"进攻性蜂群使能战术"项目，2015 年由海军研究实验室启动的"郊狼"项目
利用无人机或无人机群对抗无人机蜂群	洛克希德·马丁公司的"莫斯菲"（MORFIUS）无人机、安德里尔公司的"无人机粉碎机"（Drone – Smasher）、雷声公司的"郊狼"（Coyote）无人机
发射导弹拦截	野人公司的"蜂群杀手"（Swarm Killer）反无人机系统通过发射微型导弹对无人机蜂群进行拦截
发展网捕型拦截武器	美国密歇根大学开发的"网兜"型无人机（拦截距离 > 50 千米）、美国 Snake River 公司开发的"网兜"炮弹（拦截距离 > 15 千米）、英国 Open Works 公司研制的 Sky Wall 100 系统（拦截距离 > 100 米）、荷兰 Deft Dynamics 公司研制的无人机捕手

三、反无人机蜂群系统最新动向

（一）"列奥尼达斯"高功率反无人机系统

2021 年 11 月，美国反无人机初创公司艾比罗斯推出"列奥尼达斯"（Leonidas）高功率微波系统。该系统采用数字波束形成、软件定义、GaN 固态放大器等新技术，可一次性击落数十架无人机。2 月，艾比罗斯公司演示了"列奥尼达斯"反无人机蜂群的能力，成功击落所有参演的 66 架无人机。该公司指出，该系统可以让无人机的旋翼、相机或 GPS 失能。为适应不同的任务需求，该公司还在开发"列奥尼达斯"单兵型和地面机动型、无人机载吊舱以及舰载型等。"列奥尼达斯"号称是世界上第一个小型化 HPM 系统。据报道，其发射功率为270兆瓦，作用距离可达300米（图2）。

图2 "列奥尼达斯"反无人机蜂群示意图

（二）"莫菲斯"无人机载高功率微波系统

2021年3月，美国洛克希德·马丁公司推出"莫菲斯"反无人机系统。该系统通过在无人机上搭载高功率微波载荷以对抗单架无人机和无人机蜂群（图3）。"莫菲斯"采用ALTIUS无人机为载机，质量不到30磅（约13.5千克），可重复使用，通过6英寸（约15厘米）口径的发射管从地面发射，也可以搭载于车上或飞机上。作为应对无人机的分层防御体系的一部分，"莫菲斯"发射升空后，通过近距离发射千兆瓦级的微波功率让无人机失效。

图3 "莫菲斯"无人机载高功率微波系统

(三)"天空守望者"反无人机系统

2021年2月,欧洲导弹集团(MBDA)公司推出"天空守望者"反无人机系统。"天空守望者"可提供从探测到击败的完整反无人机系统杀伤链,并被设计为作为一个分层防空体系结构的集成组件,也可作为一个独立的系统。"天空守望者"系统包括多种先进传感器(如雷达、远程光电传感器、无源射频传感器等),以及软硬两种杀伤效应器(如定向能武器、无人机、超近程防空系统等),其核心是执行传感器和效应器的指挥控制系统(图4)。雷达、远程光电传感器、无源射频传感器等探测空中威胁目标,指挥控制系统协调传感器、软杀伤效应器和硬杀伤效应器,对不同的威胁目标进行击败如采用定向能武器、发射无人机对抗及发射导弹拦截。该系统在一个模块化的开放架构中使用了经过操作验证的构建块,具有模块化、

图4 "天空守望者"反无人机系统

可扩展等特征，可以有效地消除所有级别的无人机威胁，从小型1级微型无人机到大型战术无人机以及其他传统空中威胁。

（四）"卡攀"反无人机系统

2021年，土耳其米特森国防公司推出"卡攀"反无人机系统，主要应对各类小型和微型无人机。该系统采用干扰手段进行软杀伤，通过干扰无人机的射频信号来中止操作者的控制。该系统的探测单元由高精度无人机探测雷达和光电摄像头组成，雷达可精确探测低空飞行的小型目标，并引导摄像头跟踪确认小型无人机。探测单元获取的信息可传递给控制中心供安全人员决策，也可由人工智能系统自主处理威胁。该系统的开放式系统架构，支持模块化和可扩展性，可通过集成必要的传感器和系统，为用户提供卓越的无人机探测、跟踪和干扰性能（图5）。

图5 "卡攀"反无人机系统

四、启示

（一）构建一体化联合防御体系对抗反无人机蜂群

针对无人机蜂群作战特点，传统、单一的预警探测和防御手段难以有效发挥作用。应在现有装备技术基础上综合运用侦、扰、打、拦等手段，构建反无人机"蜂群"作战体系，多措并举提高反无人机蜂群能力。通过实施纵向多层、平面组网探测，实现对无人机蜂群目标的广域覆盖、无缝监视和多点观察。将电子压制、干扰等软杀伤手段和激光、高功率微波等定向能武器、控制打击力量、地面防空火力等硬杀伤手段与软杀伤手段联合，构建远、中、近相结合的多层、多道拦截网，形成立体、多维、高效的反无人机蜂群作战体系。

（二）加快人工智能型自主对抗研究

针对研究无人机蜂群存在的弱点，大力研发针对无人机蜂群的人工智能型自主对抗平台或打击武器。研发格斗型无人机，利用蜂群来对抗无人机蜂群；提高现有的有人机的对抗能力，针对无人机蜂群通信依赖性强等特点，提高有人机隐身、多目标探测和打击能力来对无人蜂群实施拦截；通过研发自动探测、定位、摧毁无人机搭载平台或后台指挥控制系统的快速反应武器摧毁无人机蜂群运载平台或控制站。

（中国电子科技集团发展战略研究中心　方芳）

（中国电子科技集团第二十研究所　刘菁）

美军"全球信息主宰实验"分析

2021 年 3 月和 7 月,美国北方司令部(NORTHCOM)与北美防空司令部(NORAD)牵头开展了两次"全球信息主宰实验"(Global Information Dominance Experiment,GIDE)演习,验证了利用机器学习和人工智能增强后勤协调、情报共享和作战规划的可行性。

"全球信息主宰实验"演习系列始于 2020 年 12 月,主要通过整合来自全球传感器和网络源的信息,并充分利用人工智能和机器学习技术来识别数据的重要趋势,使指挥官同时获得当前和预测性信息,提升行动能力。该实验旨在加强战场信息计算能力,使美军在跨司令部的指挥协作中产生全球一体化的效果,在未来对中俄作战中获取"信息优势"和"决策优势"。截至 2021 年底,美军已开展三次"全球信息主宰实验"。

一、演习背景

美国开展"全球信息主宰实验"的背景是美国本土面临新威胁形势。过去 30 年,美军能够在全球投射力量而不必担心本土遭常规攻击,但当前的战略格局已有所改变，以中俄为代表的竞争对手已有能力使用网络武器、超声速导弹或其他常规攻击手段，使美国本土面临着新的威胁。为更迅速、更高效地阻止威胁，美军需要快速获取情报并进行预测性分析，以确定潜在对手下一步行动。

为此，美国国防部需要设计一种新的国土防御机制，利用信息和数据来抵御全球威胁。在此背景下，美国北方司令部牵头开展"全球信息主宰实验"，探索利用人工智能与机器学习技术整合与分析多源数据，加快决策速度，提升本土防御能力。

二、基本情况

2020年12月，美国北方司令部与北美防空司令部牵头开展第一次"全球信息主宰实验"，以数字桌面演习形式，将搜集的通信信号、电子情报和卫星图像等历史数据输入智能预警系统，通过算法随即生成敌方可能的行动路线，并提供可采取的主动响应选项建议，以此测试北方司令部与兄弟机构的协作能力。2021年，美军陆续开展了第二次和第三次"全球信息主宰实验"。第二次实验引入了数据共享的实时测试；第三次实验则扩展了之前测试的试验和预警系统，展示了为跨作战司令部协作、评估、决策而设计的软件工具如何实现更有效的全球后勤协调、情报共享和行动规划。

（一）第二次演习

2021年3月18日至23日，美国北方司令部与北美防空司令部组织开展第二次"全球信息主宰实验"，旨在通过人工智能工具获得竞争对手的早期行动迹象，形成通用作战图，使各作战指挥官对威胁产生共同理解，并就响应行动进行跨作战司令部协调，加快决策速度，最终提高威慑力。实验联合 11 个作战司令部与国防部联合人工智能中心（JAIC）共同展开，并与"汞合金镖"防空演习结合，获得了额外的数据输入，并使参与者获取真实场景反馈。

实验演示了利用宇宙（Cosmos）、盖亚（Gaia）和拉蒂斯（Lattice）3 种人工智能软件，将秘密及非密数据融合成标准的导弹跟踪轨迹报告的能力。①Gaia 是一种作战级的全球全域感知工具，基于美国国防部"专家工程"（Project Maven）研发的人工智能系统，可整合大量数据源，继而进行预警。实验期间，Gaia 成功整合空中、海上、地面和太空的实时数据源，包括来自北美、夏威夷和关岛的各个军用及联邦航空局的雷达原始数据，并提供了全球兵力分布信息以及竞争对手动向的早期指示和告警。②Cosmos 是一种跨作战司令部的战略级协作工具，可接收来自军方、情报界、商业卫星的数据，使指挥官看到竞争对手的全球行为，随后迅速形成应对竞争对手的行动方针和全球综合反应措施。实验期间，该软件仍处于测试版状态，但成功实现了不同作战司令部基于云的实时协同。③Lattice 用于将上述两种工具连接起来。该软件由联合人工智能中心开发，可根据不同地点的雷达输入数据，提供实时空域威胁跟踪图及响应选项。该软件可大幅增加反应选项的数量，并减少根据空中威胁匹配防御资产所需时间。

（二）第三次演习

2021 年 7 月 8 日至 15 日，美国北方司令部与北美防空司令部组织开展第三次"全球信息主宰实验"，使用实时真实数据进行演示，旨在展示多种人工智能软件的实际应用能力。此次实验联合 11 个作战司令部与联合人工智能中心共同展开，并得到空军部首席架构师办公室（CAO）支持，与其举行的第五次架构演示和评价（Architecture Demonstration and Evaluation ADE 5）同时举行。参与实验的主战装备包括 F-16"战隼"战斗机、T-38

超声速教练机、A-10 攻击机等。

实验进一步测试了第二次实验中使用的 3 种人工智能决策辅助工具，并利用陆军的数据驱动的作战和决策工具"优势"（Vantage）平台，快速集成了大量陆军战备资产实时数据。实验还测试了其他系统装备，包括：①对 SpaceX 公司的"星链"系统进行了相关测试；②对安杜里尔工业公司（Anduril Industries）的新一代智能哨塔开展了一系列技术验证，该智能哨塔可收集各种电磁频谱信号并进行智能分析；③对加强型飞行通信套件（Fly-away Kit，FAK）进行了测试，该套件旨在提高美国空军飞行员在作战中的通信能力；④对人工智能赋能的反无人机系统进行了技术测试，以验证其作战能力。

实验分三阶段展开：第一阶段侧重于具有成本效益的数据解决方案，通过早期情况显示和警告来增加决策空间；第二阶段评估对抗条件下的后勤保障能力，展示了通过全球合作快速创建威慑应对方案，以及灵活的后勤规划；第三阶段展示了联合人工智能中心的"媒人"（Matchmaker）工具基于战场实时数据和分析师的分析评估提供防御对策的能力。

三、分析研判

（一）演习意图

一是提升决策效率，增强本土防御能力。"全球信息主宰实验"旨在通过提前预判对手行动，缩短决策时间，增强本土防御能力。实验所测试的人工智能预警系统能够自动集成并分析海量数据，预测竞争对手的行动并提供应对策略和建议，大幅提升决策效率。由此，美军将从被动反应转向"先发制人"，在冲突前实施威慑和拒止行动。如指挥官可在竞争对手对美国本土采取行动前对部队进行规划部署，通过外交渠道向竞争对手发出战略信息，或与盟国和伙伴的指挥行动保持一致，最终使对手对自身行动产生怀疑，从而起到威慑作用。

二是人工智能赋能，支撑联合全域作战。美军 2019 年提出发展联合全域指挥控制能力，目标是把各军种指挥控制系统连接成一体化指控网络，在所有作战域之间实现迅速、无缝的信息交流，以支持联合全域作战。人工智能是发展联合全域指挥控制能力的重要技术引擎，美军近年同时开展多个人工智能相关研发与测试项目，"全球信息主宰实验"便是美军推进人工智能赋能作战的系列举措之一。北方司令部官员表示，"全球信息主宰实验"中测试的人工智能系统最终将转化为实际可用的服务，集成至美军采购计划中，以实施联合全域指挥控制，支撑联合全域作战。

（二）演习特点

一是充分整合应用现有先进技术。"全球信息主宰实验"充分整合应用了美军现有的各类先进技术，其重点是测评人工智能技术自动开展情报收集与处理、促进跨司令部协作的实际效果，而非新技术或新工具的开发。实验中涉及的全球云服务、数据融合等并非新概念，运用的各类软硬件装备则是基于其他国防部门或工业合作供应商的成果，包括国防部"专家工程"、国防部联合人工智能中心开发的人工智能系统以及 SpaceX 等公司的最新产品等。该实验将已有的多种先进工具进行有效整合，将其置入实际的军事应用场景、输入真实战场数据进行测试，目的是基于现有的技术框架大幅提升各作战司令部指挥官的态势感知水平与决策效率。

二是集合多方力量开展合作演练。"全球信息主宰实验"是美军近年开展的大型联合演习之一，规模逐次扩大，投入人员与装备数量也逐次增加。首次演习联合 4 个作战司令部共同开展，第二次演习联合 11 个作战司令部与国防部联合人工智能中心，第三次则在之前基础上与空军部首席架构师办公室展开合作，还使用了多家商业公司的最新产品。集合多方力量共同开展演习便于充分利用各方优势资源，提升演练效率。如，国防部联合人工智能中心在实验中提供了最新研发的人工智能系统，太空司令部则利用其传感器提供了战场态势感知、威胁预警和攻击评估等能力。此外，多方参与为实验测试跨作战司令部协调能力提供了条件，有助于根据实际效果进一步改进其战略级协作工具。

三是以中俄为主要假想防御目标。美国近年不断强调来自大国对手的安全威胁，逐步将军事战略重点从反恐转向大国竞争。同时，大国间技术竞争也愈发激烈，网络攻击、洲际导弹等武器的发展使跨洋远程打击成为可能。在此背景下，"全球信息主宰实验"以竞争对手预备对美国本土发动攻击作为演练场景想定，以中俄作为假想防御目标，探索人工智能预判竞争对手行动与提供情报分析的能力。北美空天防御司令部指挥官在讲话中多次提及，美国主要有两个拥有核武器的竞争对手，即俄罗斯和中国，强调两国近年在网络和太空领域发展迅速，且俄罗斯的常规武器，如雷达截面积非常低的巡航导弹、先进潜艇等，能绕过美国的预警系统，是美国本土面临的最大威胁。

（三）演习影响

一是降低技术风险，促成一体化威慑战略。2021年7月，美国国防部长劳埃德·奥斯汀在美国人工智能国家安全委员会举办的全球新兴技术峰会上发表演讲，公开提出"一体化威慑"概念，旨在将"技术、作战概念和各种能力恰当地结合起来"，通过对创新和新技术进行大规模投资，保持技术优势，同时加强与欧洲及太平洋地区盟友的合作。"全球信息主宰实验"表明美军已从过去的本土防御机制转向预先性"威慑与拒止"行动，与"一体化威慑"的思路相一致。该实验通过验证人工智能与机器学习技术对作战空间态势感知与决策优势能力的实际提升效果，降低了技术风险，有助于"一体化威慑"战略的最终实现。

二是验证技术应用，推动先进作战理念转型。美军近年来不断加快先进作战理念转型，先后推出"多域作战""分布式作战""穿透性制空""马赛克战""联合全域作战"等作战概念。"全球信息优势实验"则是美国利用人工智能和自主系统推动"联合全域指挥控制"建设，继而实现"联合全域作战"的一个关键步骤。随着现代通信网络、卫星和其他技术的广泛应用，全球数据流动速度不断加快，规模日益扩大，美军加快推动人工智能、大数据技术和云计算等高新技术与作战行动相融合，目的是以最快的速度收集和利用信息，以获取对中俄等竞争对手的时间、速度和决策优势。

（中国电子科技集团发展战略研究中心　焦丛）

附　录

2021 年信息系统领域科技发展十大事件

一、联合全域指挥控制从概念开发进入能力形成阶段

2021年5月、9月,美国国防部出台《联合全域指挥控制战略》及其实施计划(图1),提出了联合全域指挥控制工作路线图及实现方法,标志着联合全域指挥控制从概念开发和技术测试进入能力形成阶段。美国空军、陆军和海军加快推进相关计划,形成作战能力。2月、7月,美国空军"先进战斗管理系统"成功完成第四轮、第五轮作战试验,试验中该系统连接多军种、多域作战单元构建了高效杀伤网,并进一步验证了异构数据链融合、卫星互联网、智能化辅助决策等技术的运用效能。10月,美国陆军"会聚工程2021"围绕联合全域态势感知、人工智能赋能侦察感知等七大作战场景进行了演习实验,验证了基于云的网络体系、自主目标探测识别、智能化战场态势生成与理解等能力。1月,美国海军宣布通过"对位压制工程"开发新型"海军作战架构",将于2023年部署至航母打击群开展作战试验。联合全域指挥控制加快落地,将推动美军联合作战进入全域融合的新阶段。

图 1 美军"联合全域指挥控制"构想

二、零信任网络安全架构开启大规模国防应用

2021年4月,美国国防部国防信息系统局发布《零信任参考架构》1.0版(图2),为国防部大规模采用零信任网络安全架构设定了战略目标、原则、相关标准和技术要求。零信任网络安全架构的核心思想是"永不信任、始终验证",即默认情况下不信任网络内部和外部的任何用户、设备或系统,始终需要基于认证和授权来重构访问控制的信任基础。以此为指导,美国国防部加速推动网络安全架构向零信任的转型,《2022财年国防预算申请》中列支6.15亿美元用于零信任网络安全架构相关工作;9月在《联合全域指挥控制战略实施计划》中将零信任网络安全架构列为七种核心解决方案之一;11月宣布将"联合信息环境"的网络安全架构逐步向零信任过渡。零信任是美军未来网络安全通用架构,将从根本上改变跨国家、跨军种、跨作战域网络的安全性和数据共享的有效性。

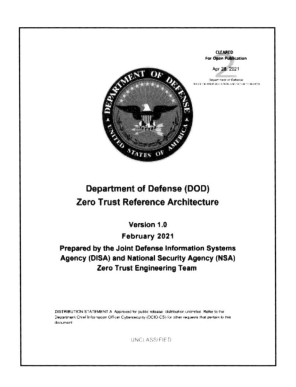

图 2　美国国防部《零信任参考架构》1.0 版封面

三、127 比特量子计算处理器问世

2021 年 11 月，IBM 公司宣布研制出一台能运行 127 个量子比特的量子计算处理器"鹰"（图 3），这是迄今全球操控量子比特数最多的超导量子计算处理器，是继谷歌"悬铃木"（运行 53 个量子比特）后量子计算领域的一个重大突破。"鹰"采用全新的芯片架构设计方案，将控制布线放置处理器内多个物理层上，同时将量子比特保持在单个层上，以减少非必要组件的数量，提高稳定性，降低错误率，从而显著增加可操控量子比特的总数。当前量子计算技术实现路径主要有超导材料、离子阱、量子纠缠等几

种，其中利用超导材料实现量子计算在工程化、工艺化方面具有优势。"鹰"处理器将在解决更复杂的机器学习、分子和材料建模等方面发挥重要作用，在未来海量战场数据处理等军事领域具有重要意义。

图3　IBM公司"鹰"量子计算处理器

四、网络化多任务雷达完成首次外场验证

2021年7月，美国海军研究实验室宣布完成"灵活分布式阵列雷达"（FlexDAR）的首轮外场试验（图4）。试验中，使用了2部异地部署的Flex-DAR，验证了多波束同时收发、天线副瓣电平、数据吞吐等技术指标，证实在探测距离、跟踪精度、电子防护等方面达到了预定目标。FlexDAR具有雷达通信电子战多功能集成、信号级分布式协同探测、软件定义等特点。2部雷达协同后，每部雷达的探测距离提升0.4倍，覆盖范围增加1倍；可提升对目标航迹跟踪的精度和连续性，提高对机动目标、密集编队目标的跟踪识别能力，改善对隐身目标、弹道导弹、高超声速目标的探测能力。此次试验成功，标志着经过多年的探索性研究，这种创新型的网络化、分布式、多功能雷达技术取得突破性进展。

附录

图 4　FlexDAR 样机

五、DNA 数据存储技术走向实用

2021 年，美国在 DNA 存储技术领域取得一批实用性成果。1 月，美国螺旋生物科技公司宣布在尺寸 1 微米的硅基芯片上合成了含 200 个碱基对的寡核苷酸（含 300 纳米的 DNA 合成纳米孔），实现碱基对高效合成；4 月，美国洛斯·阿拉莫斯国家实验室宣布，开发出自适应 DNA 存储编解码器，可将数字二进制文件转换为分子存储所需的四个字母遗传代码，以将大量数据存储在 DNA 分子中；6 月，DNA 数据存储联盟发布行业白皮书，首次明确 DNA 存储的一般流程（图 5）。一系列进展表明，经过近几年的快速发展，这项技术开始向实用化迈进。DNA 存储技术的数据存储密度远超传统磁、光介质，且存储介质更稳定、数据更安全，是应对数据量持续飞速增长的有效技术方案之一，特别是在海量、保密数据存储等方面，具有广阔军事应用前景。

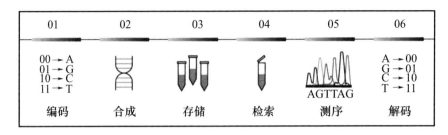

图 5 DNA 数据存储联盟白皮书中提出的 DNA 存储一般流程

六、5G 技术军事应用加快落地

2021 年,美国从顶层规划、演示试验等方面,加速推动 5G 军事应用落地。1 月,美国国防部发布《5G 战略实施计划》,制定 5G 技术的应用发展路线图;6 月,美国国防部"从 5G 到下一代计划"进行首次成果演示,使用 380 兆赫频谱和毫米波频谱构建了专用于智能仓储等后勤应用的 5G 网络(图 6),实现 1.5 吉比特/秒的高速下载和低于 15 毫秒的延迟;12 月,美国

图 6 美国国防部利用 5G 技术实现智能仓储

空军希尔基地首次部署5G网络,将开展一系列实验,最终目标是实现空军雷达与3.1~3.45吉赫5G蜂窝网络的频谱共享。这些进展表明5G军事应用进入快速实施阶段,将加速推动军事移动通信网络乃至作战样式的变革发展。

七、区块链技术开启军事应用试点

2021年4月,美国空军快速维修办公室授出一份合同,开发基于区块链技术和3D打印的解决方案,使美国空军能够在野战条件和海外基地制造、测试和部署飞机和其他武器装备的可替换零件。5月,美国陆军作战能力发展司令部在年度网络现代化实验期间,对区块链身份验证解决方案进行测试。同月,美国海军启动研发基于区块链技术的医疗供应链系统,该系统使用物联网区块链平台和可信硬件"原石"追踪器(图7),预计2022

图7 "原石"追踪器

年初在美国海军进行应用试点,为海军和海军陆战队人员提供实时健康监测和后勤保障等服务。区块链技术在军事领域的应用逐步加快,未来有可能对武器装备研发、制造、试验、保障等领域产生重要影响,推动国防工业能力大幅跃升。

八、美国国防部启动新的大型多云建设项目

7月,美国国防部启动"联合作战云能力"(JWCC)计划,将替代此前拟进行的为期10年、价值100亿美元的"联合全域防御基础设施"(JEDI)单一云计划。新计划为多云、多承包商方案,将采用分批向多家供应商授出不限交付期、不限数量合同的形式,预计2022年中授出合同,2025年进行环境测试。该计划拟从微软和亚马逊两家公司寻求建议,并与甲骨文、谷歌、IBM、微软等公司商讨,以吸收各家优势,优化云服务质量。"联合作战云能力"计划将支持实现所有作战域的传感器和信息连接与共享,提升联合全域作战效能。

九、传感器开放式体系架构联盟发布首套军用传感器技术标准

9月,传感器开放式体系架构(SOSA)联盟发布首套开放式体系架构军用传感器和电子战系统标准——SOSATM参考体系架构技术标准1.0版。SOSA是美军开放式体系架构标准库的核心标准,此次发布的SOSA标准1.0版有望成为美军在光电/红外、信号情报、电子战和通信系统的新标准,采用模块化设计和非专有标准,确保与SOSA相一致的技术具有互操作性,为实现传感器"即插即用"铺平道路。该标准的应用将提升美军传感器系

统复用、快速集成、系统重构、快速交付等能力，加强体系作战跨域协同能力，突破各武器系统间的壁垒、实现互联互通互操作。

十、美军开展两次"全球信息主宰实验"演习

3月、7月，美国北方司令部与北美防空司令部牵头、联合11个作战司令部与联合人工智能中心开展了"全球信息主宰实验"第二、三次演习。两次演习分别与"汞合金镖"防空演习和空军"先进战斗管理系统"第五次试验结合，引入实时真实数据，演示验证了多种人工智能决策辅助工具在增强后勤协调、情报共享和作战规划方面的实际应用能力。该演习于2020年12月首次进行，旨在加强美军战场信息计算能力，夺取信息与决策优势。

2021 年信息系统领域科技发展大事记

美国发布新版天基定位导航授时政策令　1 月,美国白宫发布新版太空政策 7 号令——"天基定位导航授时政策"。该政策令为美国天基 PNT 的应用发展提供了三个方面的指导:一是加强 GPS 的维护和现代化建设,包括由联邦政府开发、拥有并负责运营的用于增强或提升 GPS 性能的系统;二是发展能够保护美国和盟国接入和使用 GPS 以保障国家、国土和经济安全,以及阻止敌方使用美国天基 PNT 服务的能力;三是推动美国参与国外天基 PNT 服务和国外使用 GPS 及其增强系统的国际合作。

美国空军"先进战斗管理系统"成功第四轮作战试验　2 月,美军"先进战斗管理系统"成功完成第四轮作战试验。试验由美驻欧空军司令部主导,试验中"先进战斗管理系统"连接美多军种、多域作战单元构建了高效杀伤网,并首次纳入英国等盟国军事力量。该杀伤网融合 P-8A 巡逻机的情报搜集能力、"星链"低轨星座的卫星通信能力以及 C-17 运输机、KC-135 加油机的作战支援能力,连接美国空军第 603 航空作战中心等指挥中心,由 F-15 战斗机发射"联合空地防区外导弹"成功击中目标。

美军开展第二次"全球信息主宰实验"演习　3 月,美国北方司令部与北美防空司令部牵头开展了"全球信息主宰实验"第二次演习。演习联合 11 个作战司令部与联合人工智能中心（JAIC）共同展开，并与"汞合金镖"防空演习结合，引入实时真实数据。实验利用宇宙（Cosmos）、盖亚（Gaia）和拉蒂斯（Lattice）3 种人工智能软件，将秘密及非密数据融合成标准的导弹跟踪轨迹报告的能力。

DARPA 启动"任务综合网络控制"项目　4 月，DARPA 启动"任务综合网络控制"项目，寻求构建和演示能够创建安全网络覆盖的软件，创建的安全网络覆盖层有多个控制机制，能够对敏捷自愈网络进行分布式管理，在高对抗、高动态环境中为多域杀伤网提供支持。

美国空军成功开展全源定位导航技术与"敏捷吊舱"集成试验　4 月，美国空军成功完成"敏捷吊舱"在 GPS 拒止环境下与基于"机会信号"的全源定位导航技术的集成飞行试验，11 月又完成该吊舱的原型系统飞行试验，实现了三项重要试验目标：首次高动态范围平台集成试验、基于全远程接口及可替代 PNT 数据传输、基于陆上/水上能力转换演示。

美军"九头蛇"项目演示多平台跨域通信技术　5 月，美国空军与洛克希德·马丁公司共同开展"九头蛇"项目（Project Hydra）演示试验，实现了 U-2 侦察机和 5 架 F-35 战机、1 架 F-22 战机的空中通信连接，并向地面操作员提供实时数据，从而提高了跨域任务灵活性。试验利用 U-2 侦察机上的开放系统网关（OSG）有效载荷，通过本地机间数据链（IFDL）和多功能高级数据链（MADL）将 F-22 战机信息通信成功连接到 5 架 F-35 战机上，实现所有机载系统之间以及与地面节点共享数据，目标航迹也通过 U-2 侦察机传输到战斗机航空电子设备和飞行员显示器中。

美国空军启用首个基于云的空中任务指令生成软件　5 月，美国空军第 609 空中作战中心正式启用基于云的"凯塞尔航线全域作战套件"

（KRADOS）。该软件将简化加油计划的软件包、用于战斗机与轰炸机行动的软件包等9个应用程序集成到一个基于云的系统中，用户可以像访问网站一样从任何地方对其进行访问并将空战资产的可用性关联起来，只需少量人员就可以在任何地方快速规划行动并生成空中任务指令。该软件可减少制定空中任务指令所需的人员、更快地生成空中任务指令，对支撑空军实现分布式作战具有重要意义，标志着空战中心现代化工作的新起点。

美国国防部制定联合全域指挥控制战略 5月，美国国防部长奥斯汀签署《联合全域指挥控制战略》。该战略是美军推进联合全域指挥控制发展的顶层指导文件，提出重点关注数据、技术、核指控等问题，强调快速集成人工智能、机器学习等新兴技术，要求通过技术试验破除供应商专有技术的壁垒，并提出工作路线图及实现方法。两份文件的出台标志着联合全域指挥控制从概念和技术探索进入实用性转化阶段，将加速推动联合全域作战概念落地实施。

DARPA启动"像素智能处理"项目 5月，DARPA启动"像素智能处理"项目，研发边缘智能图像处理技术。该项目提出了一种创新的战术边缘图像处理思路，在前端将人工智能算法嵌入成像传感器像素层，在后端将循环神经网络嵌入计算平台，使处理效率至少可提高一个数量级。该项目是美军提高边缘情报处理能力的重要尝试，有望成为推进无人化战争的关键赋能器，具有良好的应用前景。

美军NTS–3导航技术试验卫星进入集成阶段 6月，美国空军"导航技术卫星"–3（NTS–3）项目首颗卫星平台交付，进入卫星集成阶段，达到项目研制关键节点。NTS–3是美军时隔40年再次开展的导航卫星技术试验项目，计划研制一套完整的卫星导航系统，包括卫星、地面控制系统、用户终端等，测试灵活导航信号、新型星载原子钟等关键技术，支持GPS–3

卫星研制，以及探索美军定位导航授时体系的弹性抗毁能力。

美国海军发布智能自主系统技术战略 7月，美国海军发布了一项名为"智能自主系统"的战略，旨在通过高度分布式指挥控制架构加速智能平台的开发和部署，提供必要的作战硬件，满足海军未来需求。这一新的自主技术战略要求将自主无人系统与人工智能相融合，涉足领域范围从技术开发和采办管理到系统成熟和基础设施支持。在智能自主系统战略框架下开发的人工智能技术和平台，以及美国海军3月份发布的无人作战框架计划，将很可能纳入海军"超越计划"概述的作战需求。

美国空军"先进战斗管理系统"成功第五轮作战试验 7月，美军"先进战斗管理系统"成功完成第五轮作战试验。试验范围涵盖所有11个作战司令部以及联合人工智能中心等机构，主要演示集成任务架构的应用，通过DARPA开发的"缝合"技术实现态势感知系统、异构数据链的融合集成，并进一步验证了商业通信、边缘计算与存储、智能化辅助决策等技术的运用效能。

美军开展第三次"全球信息主宰"演习 7月，美国北方司令部与北美防空司令部牵头开展了"全球信息主宰实验"第三次实验。实验联合11个作战司令部与联合人工智能中心共同展开，并与空军"先进战斗管理系统"第五次试验同时举行，使用实时真实数据进行演示，旨在展示多种人工智能软件在增强后勤协调、情报共享和作战规划方面的实际应用能力。实验进一步测试了第二次实验中使用的3种人工智能决策辅助工具，并利用陆军的数据驱动的作战和决策工具"优势"（Vantage）平台，快速集成了大量陆军战备资产实时数据。

美国陆军发布指挥控制领域2028作战概念 7月，美国陆军未来司令部发布《指挥控制领域2028作战概念》文件，核心思想是构想未来的陆军指挥官通过利用更清晰和精确的感知和理解自身、对手和作战环境的能力，借助具有全域作战能力的敏捷指挥控制系统，获取、保持和利用作战主动权并实现全局优势，并从人员、流程、通信网络、指挥所星座四个方面描述了美国陆军在2028年及以后实现全域指挥控制所需的能力。

美国国防部启动"联合作战云能力"计划　7月，美国国防部宣布取消其2019年授予微软的联合全域防御基础设施（JEDI）云合同，并宣布将启动一项新的"联合作战云能力"（JWCC）计划。该计划将是一个多云/多供应商无限期交付的不确定数量合同。美国国防部拟从微软和亚马逊两家公司寻求建议，现有的市场研究表明上述两家是唯一能满足美国国防部要求的云服务提供商。新的多云计划有望适应美国国防部内部云生态系统的演变并满足利用多云执行任务的紧迫需求，将为联合全域指挥控制提供更有力的支撑。

美国海军网络化多任务雷达完成首轮外场试验　7月，美国海军研究实验室宣布完成"灵活分布式阵列雷达"（FlexDAR）首轮外场试验。试验中，使用了2部异地部署的FlexDAR，验证了多波束同时收发、天线副瓣电平、数据吞吐等技术指标，证实在探测距离、跟踪精度、电子防护等方面达到了预定目标。

全球首颗软件定义通信卫星发射升空　7月30日，欧洲阿丽亚娜空间公司（Arianespace）成功发射全球首颗完全灵活的商业软件定义卫星"欧洲量子卫星"（Eutelsat Quantum）。该卫星由欧洲航天局、欧洲通信卫星公司（Eutelsat）和空中客车公司合作研发，运行寿命为15年，可实现在轨重新编程，其覆盖范围、频率、带宽、功率等性能可在轨重新配置，也就是通过更新软件实现重新"定义"，以满足不断变化的数据传输和安全通信需求。

美国国防部制定联合全域指挥控制战略实施计划 9月,美国国防部制定《联合全域指挥控制战略》实施计划,列举了为实现联合全域指挥控制所需的七种可行产品或技术方案:DevSecOps 软件开发环境、零信任网络安全架构、云技术、高效传输层、身份凭证与访问管理、"突击破坏者Ⅱ"(一种对抗"反介入/区域拒止"能力的工具)以及"任务伙伴环境"(一种允许美军和盟国共享信息的通用平台)。

传感器开放式体系架构联盟发布首套军用传感器技术标准 9月,传感器开放式体系架构(SOSA)联盟发布首套开放式体系架构军用传感器和电子战系统标准——SOSATM 参考体系架构技术标准1.0版。SOSA 是美军开放式体系架构标准库的核心标准,此次发布的 SOSA 标准1.0版有望成为美军在光电/红外、信号情报、电子战和通信系统的新标准,采用模块化设计和非专有标准,确保与 SOSA 相一致的技术具有互操作性,为实现传感器"即插即用"铺平道路。

美国雷声公司推出世界已知首款无人机载火控雷达 9月,美国雷声公司推出了一款紧凑型机载有源相控阵(AESA)雷达系统,具有重量轻、尺寸小、价格低的特点,旨在为以无人机为代表的低成本作战平台提供火力控制能力。现役无人机机载雷达大多为合成孔径雷达,其主要功能为对地/对海成像和地面动目标指示,主要用于执行战地实时侦察任务。雷声公司开发的紧凑型雷达是世界已知的首款无人机载火控雷达系统,为无人机提供了获取空中目标火控级别数据的能力,很可能将真正意义上为无人战斗机装上"空战锐眼",有效提升对空探测效能,有助于全面赋能有人机-无人机协同空战能力,很可能将对未来空战样式产生巨大影响。

英国国防部发布《国防数据战略》 9月,英国国防部发布《国防数据战略——构建国防数据框架,利用数据力量》,概述了数据愿景、数据框架、战略成果、数据规则和共同基础，明确了数据的战略资产性质，并将其视为英国国防的横向推动力和持久能力。英军认为，数据是英国国防数字骨干网的关键因素，国防数据框架是该数据战略的核心。国防部必须采取各种方法更有效、一致地收集、管理、共享和利用数据，通过行为和文化的范式转变，掌握并快速释放数据的全部力量，将有助于国防实现多域集成和信息优势，提高业务效率和获得战场优势。该战略还提供了一个将所有国防组织联合起来的数据领导结构，英军将利用跨政府、与盟友、行业、学术界的伙伴关系和合作关系来改进其处理数据的方式，凝聚国防工业能力。

美军成功开展雷达与电子战系统互操作试验　9月，诺斯罗普·格鲁曼公司宣布其"下一代电子战"（NGEW）系统在美国空军"北方闪电－21"演习中完成与"萨伯尔"（SABR）机载火控雷达协同试验。NGEW系统与SABR雷达搭载一架试验飞机，在"联合威胁辐射器"（JTE）生成的高密度复杂射频信号环境中，演示了雷达与电子战系统之间"脉冲到脉冲的多功能互操作"，验证了雷达精确识别和电子战敏捷干扰的协同能力。

DARPA启动"天基自适应通信节点"项目　9月，DARPA启动"天基自适应通信节点"（Space－BACN）项目，旨在研发一种可重构、多协议、低尺寸、低重量、低功率和低成本的星间光通信终端，以解决目前和未来空间通信缺乏完全在轨互操作性的问题，支持各种不同卫星星座快速、安全共享数据。

美国国防部国家地理空间情报局发布《数据战略》　10月，美国国防部国家地理空间情报局发布《数据战略2021：当前与未来的任务》，提出"快速、精准、安全地创建、管理和分享可信数据"的愿景，明确了实现该愿景的挑战、关键目标、具体举措和重点领域，旨在为处理大量地理空间情报数据提供有效、便捷的途径，为美情报界、军方及相关决策者提供有价值的情报，支持实现联合全域作战和联合全域指挥控制。战略提出向数据中心型机构转型要实现四个关键目标，分别是将数据视为战略资产、提升数据共享程度、扩大数据规模与加强分析能力以及提高员工数据素养，具体举措包括成立数据治理指导委员会、制定数据政策和标准、开展数据服务试点工作等。

美国陆军发布《统一网络计划》文件 10 月，美国陆军发布《统一网络计划》，以协调陆军各种现代化工作，提供多域作战所需网络。该计划概述了五方面主要工作：一是建立统一网络以实现多域作战；二是使部队为多域作战作好准备；三是确保安全性和存活性；四是改革流程和政策；五是持续保障网络。该计划概述了三个现代化阶段：近期（2021—2024 年）开始建立统一网络，涉及战术网络现代化、基于零信任的标准化安全架构以及向云基础设施迁移等活动，阶段目标是创建为未来发展奠定基础的标准化和集成性安全架构；中期（2025—2027 年）重点"实施"统一网络，开始融合战术和体系网络能力，并完成实现网络防御的国防部信息网络（DoDIN）操作样式，建立加速人工智能和机器学习的混合云；远期（2028 年及以后）紧跟新兴技术趋势持续进行网络现代化迭代改造。

北约国家国防部长联合签发首个人工智能战略 10 月，北约 30 个成员国的国防部长联合签署北约首个人工智能战略，明确了北约发展人工智能的 4 个主要目标，制定了负责任地应用人工智能的 7 个原则。战略的发布主要为实现以下 4 个目标：一是为北约和盟国"以身作则"提供一个基础，鼓励以负责任的方式开发和使用人工智能，以维护盟国的防务和安全；二是加快人工智能在能力开发和交付中的应用，并使之主流化，加强联盟内部的互操作性；三是保护并监测人工智能技术和创新能力，解决安全政策问题；四是确定并防范国家和非国家行为者恶意使用人工智能的威胁。战略提出北约在国防中使用人工智能的7个原则，包括合法性、负责性、可解释性、可追溯性、可靠性、可管理性、公平性。

美国陆军"会聚工程2021"测试"数据织构"技术能力　10月，美国陆军在"会聚工程2021"作战演习中试验了"数据织构"（Data Fabric）技术，以测试其整合不同系统的大量信息源和数据格式的能力。该技术通过具备开放标准的公共接口和服务对不同的数据进行层叠，使不同系统实现信息共享，无需定制数据翻译器，从而提高系统间互操作性，并使指挥官能够在适当的时间获取相关数据，掌握决策优势。此外，该技术可扩充用于人工智能和机器学习功能的数据池，促进智能算法训练，提升相关技术可靠性。

美国海军SPY–6雷达成功开展组网协同探测试验　11月，美国海军研究办公室开展海上组网雷达协同探测演示试验。试验中，2部SPY–6水面雷达模拟器通过分布式探测功能实现对目标的协同探测，生成了完整的目标态势信息。通过组网协同，SPY–6雷达可实现更大范围的探测覆盖，提升对目标航迹跟踪的精度和连续性，提高对机动目标、密集编队目标的跟踪识别能力，改善对隐身目标、弹道导弹、高超声速目标的探测能力。

DARPA启动研发天基分布式雷达成像技术　12月，DARPA启动"分布式雷达成像技术"项目，旨在演示验证以编队飞行的合成孔径雷达卫星簇能够实现的先进能力。该项目包含编队飞行与数据收集、算法研究两个技术领域，通过两颗以上编队飞行的合成孔径雷达卫星采集数据，演示验证处理算法。

2021 年信息系统领域重要战略规划文件

文件名称	《5G 战略实施计划》》		
发布时间	2021 年 1 月	发布机构	美国国防部
内容概要	描述了实现美国国防部 5G 关键目标四条工作线的具体构成以及实现方式 4 条 5G 工作线分别是：促进技术发展；评估、减少 5G 漏洞，并克服漏洞运行 5G；影响 5G 标准和政策；吸引合作伙伴。这份实施计划则描述了这些工作线的具体构成以及美国国防部的实现方式		

文件名称	《美国天基定位导航与授时政策》		
发布时间	2021 年 1 月	发布机构	美国白宫
内容概要	在 2004 版的基础上纳入了导航战、网络安全、频谱应用以及使用国外天基 PNT 服务等相关规定，旨在保持其在提供服务和负责任地使用包括 GPS 及国外系统在内的全球导航卫星系统上的领导地位		

文件名称	《导航战态势感知能力发展简略文件》		
发布时间	2021 年 3 月	发布机构	美国陆军
内容概要	从故意状况、紧急和突发状况两个方面阐述了导航战的需求，并为作战人员提供了试验和快速原型设计途径；提出加速导航战相关技术的研发，简化作战系统交付流程和系统生成定义过程		

文件名称	《数字军种愿景》		
发布时间	2021年5月	发布机构	美国太空军
内容概要	概述了4个重点工作领域：①数字工程，太空军正在建立新型数字工程生态系统（基于云的环境），政府可与工业界合作，审查项目，分享数字孪生技术。②人才方面，太空军正在创建数字化人才计划，为军人提供在线学习平台，并跟踪其在提高数字化水平方面的进展；使用人工智能应用程序处理招聘事宜、使用数据分析推动决策。③数字总部（一种功能），帮助作战人员利用数据驱动决策，进而提高作出有效决策的效率。④数字作战，太空军将利用互联的基础设施和精通数字技术的员工队伍所提供的优势，推动制定联合全域解决方案		

文件名称	《联合全域指挥控制战略》		
发布时间	2021年5月	发布机构	美国国防部
内容概要	该战略指出联合全域指挥控制应重点关注数据、人才、技术、核指控等问题，强调持续快速集成人工智能、机器学习、预测分析和其他新兴技术，要求通过联合全域指挥控制试验破除供应商专有技术壁垒，提出了联合全域指挥控制工作路线图及实现方法		

文件名称	《联合导航战中心》		
发布时间	2021年6月	发布机构	美国太空军
内容概要	明确"联合导航战中心"在太空军的地位，其作为国防部派出的联合部门，使用国防部固有的联合规程工作，具体包括3项职责：一是建立PNT优势并提供导航战信息；二是实现PNT优势；三是实现PNT优势制度化。文件规定了中心组成及其职责		

文件名称	《指挥控制 2028 作战概念》		
发布时间	2021 年 7 月	发布机构	美国陆军未来司令部
内容概要	核心思想是构想未来的陆军指挥官通过利用更清晰和精确的感知和理解自身、对手和作战环境的能力，借助具有全域作战能力的敏捷指挥控制系统，获取、保持和利用作战主动权并实现全局优势，并从人员、流程、通信网络、指挥所星座 4 个方面描述美国陆军在 2028 年及以后实现全域指挥控制所需的能力		

文件名称	《"智能自主系统"科技战略》		
发布时间	2021 年 7 月	发布机构	美国海军
内容概要	该战略是海军"无人作战框架"战略的互补科技战略，重点关注智能自主系统，旨在融合自主性、无人系统和人工智能，使无人系统成为海军力量结构中可信赖和可持续的一部分		

文件名称	《国防数据战略——构建国防数据框架，利用数据力量》		
发布时间	2021 年 9 月	发布机构	英国国防部
内容概要	概述了数据愿景、数据框架、战略成果、数据规则和共同基础，明确了数据的战略资产性质，并将其视为英国国防的横向推动力和持久能力。英军认为，数据是英国国防数字骨干网的关键因素，国防数据框架是该数据战略的核心。国防部必须采取各种方法更有效、一致地收集、管理、共享和利用数据，通过行为和文化的范式转变，掌握并快速释放数据的全部力量，将有助于国防实现多域集成和信息优势，提高业务效率和获得战场优势。该战略还提供了一个将所有国防组织联合起来的数据领导结构，英军将利用跨政府、与盟友、行业、学术界的伙伴关系和合作关系来改进其处理数据的方式，凝聚国防工业能力		

文件名称	《数据战略》		
发布时间	2021年10月	发布机构	美国国防部国家地理空间情报局
内容概要	该战略提出"快速、精准、安全地创建、管理和分享可信数据"的愿景，明确了实现该愿景的挑战、关键目标、具体举措和重点领域，旨在为处理大量地理空间情报数据提供有效、便捷的途径，为美情报界、军方及相关决策者提供有价值的情报，支持实现联合全域作战和联合全域指挥控制。4个关键目标分别是将数据视为战略资产、提升数据共享程度、扩大数据规模与加强分析能力以及提高员工数据素养，具体举措包括成立数据治理指导委员会、制定数据政策和标准、开展数据服务试点工作等		

文件名称	《统一网络计划》		
发布时间	2021年10月	发布机构	美国陆军
内容概要	概述了五方面主要工作：一是建立统一网络以实现多域作战；二是使部队为多域作战作好准备；三是确保安全性和存活性；四是改革流程和政策；五是持续保障网络。《计划》概述了3个现代化阶段：近期（2021—2024年）开始建立统一网络，涉及战术网络现代化、基于零信任的标准化安全架构以及向云基础设施迁移等活动，阶段目标是创建为未来发展奠定基础的标准化和集成性安全架构；中期（2025—2027年）重点"实施"统一网络，开始融合战术和体系网络能力，并完成实现网络防御的国防部信息网络（DoDIN）操作样式，建立加速人工智能和机器学习的混合云；远期（2028年及以后）紧跟新兴技术趋势持续进行网络现代化迭代改造		

文件名称	《人工智能战略》		
发布时间	2021年10月	发布机构	北约成员国国防部
内容概要	明确了北约发展人工智能的4个主要目标，制定了负责任地应用人工智能的7个原则。战略的发布主要为实现以下4个目标：一是为北约和盟国"以身作则"提供一个基础，鼓励以负责任的方式开发和使用人工智能，以维护盟国的防务和安全；二是加快人工智能在能力开发和交付中的应用，并使之主流化，加强联盟内部的互操作性；三是保护并监测人工智能技术和创新能力，解决安全政策问题；四是确定并防范国家和非国家行为者恶意使用人工智能的威胁。战略提出北约在国防中使用人工智能的7个原则，包括合法性、负责性、可解释性、可追溯性、可靠性、可管理性、公平性		

2021年信息系统领域重大项目清单

项目名称	主管机构	项目基本情况	研究进展	军事影响
像素智能处理	DARPA	项目旨在研发边缘智能图像处理技术，将人工智能技术嵌入到战术边缘的成像传感器中进行图像处理，以此降低带宽和功耗，满足实时情报处理的需求	2021年5月启动，分两个阶段，第一个阶段为期9个月，主要开展可行性研究，第二阶段为期9个月，开展概念验证	该项目是美军提高边缘情报处理能力的重要尝试，有望成为推进无人化战争的关键赋能器
天基自适应通信节点	DARPA	该项目旨在研发一种可重构、多协议、低功率和低成本的星间光通信终端，以解决目前和未来空间通信缺乏完全在轨互操作性的问题，支持各种不同卫星座快速、安全共享数据	2021年9月启动，分三阶段实施，第0阶段为期15周，主要进行初始架构设计；第1阶段为期14个月，设计系统并进行试验演示；第2阶段为期20个月，开发原型终端并进行网络韧性系统设计	该项目的成果将支持实现多种政府和商业低轨星座之间多轨道、跨星座的互操作性，是DARPA马赛克战愿景的支撑项目

257

续表

项目名称	主管机构	项目基本情况	研究进展	军事影响
任务综合网络控制	DARPA	该项目寻求构建和演示能够创建安全网络覆盖的软件,创建的安全网络覆盖层有多个控制机制,能够对敏捷自愈网络进行分布式管理,在高对抗、高动态环境中为多域杀伤网提供支持	2021年4月启动,为期48个月,分三阶段进行	该项目将解决目前战术网络在极端网络环境中运行时面临的大规模异构通信系统之间互操作性不足,支持任务的网络容量不足,以及无法根据任务目标自主配置和动态重构网络等问题,是DARPA马赛克战愿景的支撑项目

2021年信息系统领域重大科研试验

试验名称	组织机构	时间	试验情况	验证的关键技术
DARPA "进攻性蜂群使能战术"项目完成最后外场试验	DARPA	2021年12月	本次试验在在美国田纳西州坎贝尔堡陆军基地完成，试验中，DARPA利用诺斯罗普·格鲁曼与雷声公司开发的作战开放式架构，使用虚拟现实、增强现实等沉浸式"蜂群"界面指挥控制300多个无人平台进行联合作战；并行使用虚拟和实体无人机执行任务。试验还展示了"无人机载具"装置，能使多达80架无人机自主发射、回收和充电；多架固定翼无人机装备机载避障装置，使其能够在狭小的城市环境中自主飞行。DARPA表示，通过该试验所验证的蜂群能力将有助于将来蜂群技术的发展	验证了使用虚拟现实、增强现实等沉浸式"蜂群"界面来指挥控制大量无人平台进行联合作战的技术

续表

试验名称	组织机构	时间	试验情况	验证的关键技术
美国空军"先进战斗管理系统"成功开展第四轮作战试验	美国空军	2021年2月	2021年2月22日至25日，美国空军在具有战略意义的波罗的海地区开展了第四次先进战斗管理系统演示试验，北约联合全域指挥控制演示试验。因此本次演习也称为多国联合指挥控制背景的演示试验。演示试验展示了数项具有重要应用前景的能力，其中实现了两个突破：人工智能算法首次被应用于杀伤链，直接辅助战斗机进行打击目标的校正；首次通过战术边缘云和公用数据标准化存储能力在不同平台之间快速移动数据，达成了空军领导人此前确定的一个关键目标	验证了利用人工智能和机器学习来实现自动目标识别能力，以及利用 SpaceX 互联网通信系统传输非密和涉密数据。此外，还测试了用于核安全指挥和控制的新型弹性通信技术、转换数据用于导弹领域的新能力，以及支持 COP 的多种通信方法和技术
美国空军"先进战斗管理系统"成功开展第五轮作战试验	美国空军	2021年7月	2021年7月8日至28日，美国空军部首席架构师办公室开展了 ABMS 架构演示与评估（ADE）试验，旨在整合商业技术以实现决策优势，范围涵盖所有11个作战司令部，并与美国太平洋空军、美国北方司令部、联合人工智能中心和国防部负责情报和安全的副部长办公室进行了合作。此次试验的目标是实现一个集成的任务架构，无论在竞争中还是冲突中，从战斗指挥到边缘节点的任何地方都可以实现人工智能支持的决策优势	验证了利用边缘计算和存储能力的灵活性帮助作战人员在分布式作战中访问应用程序；利用移动设备作为计算平台，在商业卫星和地面蜂窝网络实现在保密级别的移动、干扰和分布式操作

续表

试验名称	组织机构	时间	试验情况	验证的关键技术
美国海军网络化多任务雷达演示验证中表现出优异性能	美国海军研究实验室	2021年7月	7月，美国海军研究实验室宣布完成"灵活分布式阵列雷达"（FlexDAR）的分布式部署，并对多波束同时收发、天线副瓣电平、数据吞叶波束指向等方面具有显著优势。此次用于演示验证的雷达系统由两部雷达组成，每部雷达天线包含1008个天线单元，收发采用GaN放大器件。试验中，一部雷达部署于马里兰州切萨皮克湾，另一部位于弗吉尼亚州的美国航空航天局沃洛普斯飞行设施，二者相距约130千米，通过多条高速光纤以太网进行连接，通过一条模拟信号提供公共时种信号	此次演示验证了该雷达的同时多功能、网络化分布式协同探测以及软件定义功能等能力，将对后续雷达系统发展产生深刻影响

261

续表

试验名称	组织机构	时间	试验情况	验证的关键技术
美国空军 PNT 敏捷吊舱原型系统成功完成飞行试验	美国空军	2021年11月	2021年4月，美国空军在科罗拉多州森特尼尔空军基地完成敏捷吊舱与全源定位导航技术的集成飞行试验。试验中，美国空军将"机会信号"模块内置于敏捷吊舱，在GPS拒止环境下完成了6次飞行测试；试验还完成了传感器吊舱与T-38喷气式飞机的适配性测试。基于4月的试验结果，美国空军11月进行了8架次挂载PNT敏捷吊舱原型系统的T-38C飞机试验。改进后的敏捷吊舱开放式任务系统架构和试验设计达到了突破性的效果，可使作战人员实时观察系统状态，并在需要时更新决策，大大提高了飞行和作战效率。该系统将支撑太平洋空军和空军全球打击司令部对可靠的PNT和导航战，以及反对弹性无人机系统的空战指挥的需求	验证了三项重要试验目标：一是基于高动态范围平台集成，充服了计算、功耗和电磁环境相关的挑战；二是基于全远程接口和可替代PNT数据传输，展示了PNT导航系统的最佳性能；三是基于陆上/水上能力转换演示，充分展示了导航系统的信息跨域传输能力
雷声公司"远程联合精密进近着陆系统"(eJPALS) 完成能力验证	雷声公司	2021年7月	本次试验在亚利桑那州尤马航空站完成，试验中，雷声公司对装备eJPALS的飞机进行了直线进近、垂直着陆、远距离着陆等功能验证。作为陆基JPALS系统，eJPALS可为包括F-35在内的适装机型提供严苛环境下的辅助着陆服务	验证了基于GPS的陆基联合精密近着陆技术

续表

试验名称	组织机构	时间	试验情况	验证的关键技术
"九头蛇计划"（Project Hydra）成功演示链接各作战单元的跨域通信技术	美国空军、洛克希德·马丁公司	2021年5月	洛克希德·马丁公司旗下臭鼬工厂、美国导弹防御局和美国空军成功将 U-2 和 5 架 F-35、1 架 F-22 进行空中通信连接，并向地面操作员提供了第五代飞机实时数据，提高了跨域任务灵活性。"九头蛇计划"测试，利用 U-2 上的开放系统网关（OSG）有效载荷，通过本地飞行中数据链（IFDL）和多功能先进数据链（MADL）将 F-22 战机信息通信成功连接到 5 架 F-35 战机上，实现所有机载系统之间以及与地面节点共享数据，目标航迹也通过 U-2 传输到战斗机航空电子设备和飞行员显示器中。此次测试标志着第五代飞机之间建立双向通信，以实时现功能，这种下一代的连通性将传感器数据、运营商和地面运营商共享传感器数据，以实现实时功能，这种下一代的连通性将缩短几分钟到几秒，对于抵抗当今对手和高级威胁至关重要	验证了美国空军第五代飞机之间的空中通信连接，以及飞机与地面操作人员的实时数据通信，标志着首次在第五代飞机之间建立双向通信，也标志着通过机载网关数据首次传输到地面F-35 传感器系统

续表

试验名称	组织机构	时间	试验情况	验证的关键技术
"从5G到下一代计划"（5G to Next G Initiative，5GI）成功进行首个成果演示	美国国防部	2021年6月	此次5GI成功演示了专门在美国设计和建造的、用于勤后勤现代化的一套先进5G网络。该原型项目名为"智能仓储（Smart Warehouse）"技术早期能力演示，使用了380兆赫的中频和毫米波频谱，提供了1.5吉比特/秒的高速下载和低于15毫秒的延迟。项目完成后，原型系统将作为私有网络部署到位于美国佐治亚州奥尔巴尼的海军陆战队后勤基地，并使用高达750兆赫的可用带宽实现更高性能。该项目原型系统演示是第一轮（或第一批，Tranche 1）5G项目的首个进展演示	验证了使用"智能仓储"技术早期能力演示原型，实现了5G高速率、低延迟能力，为提供美军完成全球仓储和后勤支持任务提供了所需的保真度、速度和安全性

2021年信息系统领域重要演习

演习名称	组织机构	时间	演习情况	验证的关键技术
美国陆军"会聚工程2021"演习测试"数据织构"技术能力	美国陆军	2021年10月	以在印太地区第一和第二岛链执行任务为背景，开展了联合全域态势感知、智能化自主化情报侦察等7个作战场景的演习，对基于云的网络体系、自主目标探测识别和优先级排序、智能化战场态势生成与理解等100多项关键技术应用了作战试验，重点演示了"战术目标瞄准访问节点"相关应用	演习中试验了"数据编织"（Data Fabric）技术，以测试其整合不同系统的大量信息源和数据格式的能力。该技术通过复备信息标准的公共接口和服务对不同的数据进行叠加，使不同系统实现信息共享，无需定制数据翻译器，从而提高系统间互操作性，并使指挥官能够在适当时间获取相关数据，掌握决策优势。此外，该技术可扩充用于人工智能和机器学习功能的数据池，促进智能算法训练，提升相关技术可靠性。"数据织构"技术由陆军指挥控制、通信、计算、网络、情报、监视与侦察中心的"造雨者"（Rainmaker）项目研发，预计于2023年完成研发并开始部署

续表

演习名称	组织机构	时间	演习情况	验证的关键技术
美军开展两次"全球信息主宰"演习	美国北方司令部（NORTHCOM）与北美防空司令部（NORAD）	2021年3月和7月	2021年3月和7月，"全球信息主宰实验"（Global Information Dominance Experiment, GIDE）进行第二次、第三次演习。第二次演习联合11个作战司令部与联合人工智能中心（JAIC）共同展开，并与"无合金镖"防空演习结合，引入实时真实数据。试验利用宇宙（Cosmos）、盖亚（Gaia）和拉蒂斯（Lattice）3种人工智能软件，将秘密及非密数据融合成标准的导弹跟踪轨迹报告的能力。第三次演习联合11个作战司令部与空军联合人工智能中心共同展开，并与空军"先进战斗管理系统"第五次试验同时举行，使用实时真实数据进行演示，旨在展示多种人工智能软件在增强后勤协调、情报共享和作战规划方面的实际应用能力。试验进一步测试了第二次试验中使用的3种人工智能决策辅助工具，并利用陆军作战驱动的作战和决策工具"优势"（Vantage）平台，快速集成了大量陆军战备资产实时数据	两次演习验证了利用机器学习和人工智能增强后勤协调、情报共享和作战规划的可行性

续表

演习名称	组织机构	时间	演习情况	验证的关键技术
美国海军开展最大规模先进技术演习（ANTX）	美国海军	2021年4月	2021年度"先进海军技术演习"（ANTX）中，美国海军和海军陆战队聚焦竞争环境下的海军一体化，对指挥控制、通信和信息环境下作战、火力和效果、舰队支援和信息环境下作战等6个能力域的65项原型技术进行了演示和评估，支撑作战人员在未来战场使用	每种原型技术按指挥控制，通信、域机动、火力和效果、舰队支援和信息环境下作战6个能力域进行评估。评估员对每种产品可以应用而观察员则设想每种能力遭基地作战（EABO）的相关远征先进基地作战（EABO）或分布式海上作战（DMO）场景。65项技术主要针对射频波形、自主空中和海上载具、高级传感器、光通信、赛博安全应用程序和各种软件功能
美军通过"橙旗""绿旗"演习联合测试自主性集成和超视距离杀伤链集成	美国空军	2021年6月	2021年6月24日，美军位于加利福尼亚州爱德华兹空军基地测试中心的第412测试联队主导的"橙旗21-2"演习（Orange Flag）与远在2000多英里外的佛罗里达州埃格林空军基地的"绿旗"演习（Emerald Flag）相连接。这种联合演习在演示验证远程数据连接和目标定位能力	演习侧重于杀伤网集成、事件生存能力、自主性集成和超远距离杀伤链集成。测试了U-2S"龙女"高空侦察机携带其五代机间通信网关，使各个参演装备能够通过飞行中数据链（IFDL）和多功能高级数据链（MADL）进行通信，尤其是F-22战斗机和F-35战斗机能够加入军队网络

267

续表

演习名称	组织机构	时间	演习情况	验证的关键技术
美国陆军在"2021网络现代化实验"演习中取得多项新进展	美国陆军未来司令部C⁵ISR中心	2021年8月	美国陆军在"2021网络现代化试验（NetModX）"中取得了诸多进展，这些进展可以转化为未来战场能力。此次试验在美国新泽西州麦圭尔-迪克斯-莱克赫斯特联合基地进行，旨在战场环境中测试网络工具。美国陆军未来司令部C⁵ISR中心测试了许多用于有人-无人编队和先进网络通信的技术，其中，美国陆军用于未来战场网络的关键开放式标准模块化开放标准套件（CMOSS）发挥了重要作用。C⁵ISR/EW模块化开放标准套件（CMOSS）让士兵可以通过将加固标准VPX板卡插入到一个小盒子中，更简单实现能力升级	演示了CMOSS与徒步士兵的"奈特勇士"态势感知工具和UH-60"黑鹰"直升机的互操作性
俄军军事演习测试卫星导航信息支持能力和干扰能力	俄罗斯和白俄罗斯	2021年9月10日至16日	9月11日，俄罗斯西部军区的侦察部队在穆里诺训练基地针对敌方模拟目标演练无人机空中连续侦察任务以及"格洛纳斯"卫星的导航部队。9月16日，波罗的海舰队护火力支队第841电子战中心进行了电子战演习，以干扰敌人的导航和无线电通信，对抗竞争对手可能实施的导航战行动	演习验证了俄罗斯卫星导航技术及其相关的干扰技术

续表

演习名称	组织机构	时间	演习情况	验证的关键技术
"北方利刃2021"联合演习	美国印太司令部	2021年5月	大约1.5万名美军在美国阿拉斯加参与了美国印太司令部规划、美国空军主导,美国陆军和美国海军配合的演习。演习中,美军触动了F-35、F-15、B-52等飞机,还有航空母舰和两栖攻击舰等平台。通过组织不同兵种、多型装备在近似实战环境下的演习,可为美军完善软件硬件和战术方面的系统做铺垫,将技法融入新型作战概念提供指导	F-15战机首次在战术编队演习中使用EPAWSS进行战术演练,BAE系统公司对EPAWSS的任务数据文件进行了快速重编程;探索四代机与五代机联合作战的电子战新战术测试,F-35战机关闭自身雷达将电磁辐射降至最低,F-15战机利用EP-AWSS电子战系统对敌方防空系统实施干扰,协助F-35战机实现快速突防;"空中大型多功能电子战系统"(MFEW-AL)
"北方闪电21"演习	美国空军	2021年8月	"北方闪电21"是战术级联合训练演习,大约60架来自国民警卫队、空军、陆军、海军和海军陆战队的飞机和人员参与,涉及F-35、F-22和MQ-9等多种平台	NGEW系统能与SABR有源相控阵雷达兼容同时还能在射频频谱中识别需要干扰的威胁。当SABR雷达探测到多个空中和地面目标并与之交战时,NGEW系统探测并识别到的威胁,其采用先进的一系列干扰技术能够按需对威胁实施干扰

269